DA GOVERNANÇA À ESPERANÇA

AUGUSTO NARDES

Prefácio
Ives Gandra da Silva Martins

Posfácio
Paulo Rabello de Castro

DA GOVERNANÇA À ESPERANÇA

2ª edição atualizada

Belo Horizonte

2021

Luís Cláudio Rodrigues Ferreira
Presidente e Editor

Coordenação editorial: Leonardo Eustáquio Siqueira Araújo
Aline Sobreira de Oliveira

Av. Afonso Pena, 2770 – 15º andar – Savassi – CEP 30130-012
Belo Horizonte – Minas Gerais – Tel.: (31) 2121.4900 / 2121.4949
www.editoraforum.com.br – editoraforum@editoraforum.com.br

Técnica. Empenho. Zelo. Esses foram alguns dos cuidados aplicados na edição desta obra. No entanto, podem ocorrer erros de impressão, digitação ou mesmo restar alguma dúvida conceitual. Caso se constate algo assim, solicitamos a gentileza de nos comunicar através do *e-mail* editorial@editoraforum.com.br para que possamos esclarecer, no que couber. A sua contribuição é muito importante para mantermos a excelência editorial. A Editora Fórum agradece a sua contribuição.

Dados Internacionais de Catalogação na Publicação (CIP) de acordo com a AACR2

N223g Nardes, Augusto
Da governança à esperança / Augusto Nardes. 2. ed. – Belo Horizonte : Fórum, 2021.

234p.; 14,5 x 21,5cm
ISBN: 978-65-5518-173-9

1. Direito Administrativo. 2. Direito Público. I. Título.

CDD 341.3
CDU 342.9

Elaborado por Daniela Lopes Duarte - CRB-6/3500

Informação bibliográfica deste livro, conforme a NBR 6023:2018 da Associação Brasileira de Normas Técnicas (ABNT):

NARDES, Augusto. *Da governança à esperança*. 2. ed. Belo Horizonte: Fórum, 2021. 234p. ISBN 978-65-5518-173-9.

A minha família, em especial aos meus filhos queridos Cristiane, Janaína, João Pedro e João Augusto.

A toda equipe técnica do TCU, por desempenhar com excelência o nobre trabalho de fiscalizar o Erário, contribuindo para o desenvolvimento do país.

AGRADECIMENTOS

Agradeço ao amigo Roberto Carvalho, pela insistência em me convencer a escrever este livro.

Agradeço à minha equipe, que me deu todo o suporte necessário, inclusive na feitura do voto sobre as contas de governo de 2014, em especial, a Luis Afonso Gomes Vieira e Eugenio Vilela Siqueira.

Agradeço a Cláudio Sarian, Artur Cotias e Hannah Craviée Rêgo Brandão, por terem colaborado diretamente com críticas e sugestões para o aperfeiçoamento desta obra.

Agradeço a Alden Oliveira, Carlos Soares e Maurício Wanderley, que, na chefia de gabinete, colaboraram para a elaboração de meu voto sobre as contas de governo de 2014 e apoiaram a elaboração desta obra.

Agradeço ao jornalista José Luiz Sombra, com quem troquei ideias sobre este projeto.

Agradeço à Secretaria de Macro Avaliação do TCU (SEMAG), na pessoa do Secretário à época, Leonardo Rodrigues Albernaz.

Agradeço à minha família, aos meus filhos Cristiane, Janaína, João Pedro e João Augusto, pelo apoio recebido durante este trabalho.

Se os homens fossem anjos, não seria necessário haver governo. Se os homens fossem governados por anjos, dispensar-se-iam os controles internos e externos do governo. Ao constituir-se um governo — integrado por homens que terão autoridade sobre outros homens —, a grande dificuldade está em que se deve, primeiro, habilitar o governante a controlar o governado e, depois, obrigá-lo a controlar-se a si mesmo. A dependência em relação ao povo é, sem dúvida, o principal controle sobre o governo, mas a experiência nos ensinou que há necessidade de precauções suplementares.

(James Madison, *O federalista*, Artigo nº 51)

SUMÁRIO

O livro do Ministro João Augusto Ribeiro Nardes é de particular atualidade (nos dias que correm), por permitir exame histórico, político, financeiro e jurídico do poder, através da atuação do Tribunal – que denominei de "Responsabilizador", em meu livro *Roteiro para uma Constituição* – de controle da Governança Pública, ou seja, o Tribunal de Contas.

Preocupado que sempre fui com as estruturas desses sodalícios, desde sua formulação teórica, cheguei mesmo a propor a 66 constituintes, a conformação do Poder Judiciário dividido em três segmentos, a saber: de administração da Justiça, Corte Constitucional e Poder Responsabilizador (Cortes de Contas), no referido livro editado pela Forense em 1987.

A obra do Ministro Nardes, formado por escola da Administração Pública Francesa, é excelente estudo histórico. Examina as diversas correntes teóricas sobre o desenvolvimento dos povos, para mostrar a relevância da governança pública, objetivando tornar o Poder fator de progresso da nação e não apenas de controle do povo. Hoje, infelizmente, no Brasil, o serviço público torna-se mero efeito colateral da atuação principal de um governo cuja meta é apenas a manutenção do poder, como abordei no meu livro *Uma breve teoria do Poder*.

O exame de tais correntes históricas, no excelente livro, permitiu-lhe demonstrar as dantescas ineficiências da Administração Pública no Brasil, como, por exemplo, que, entre os 11 milhões de servidores públicos e 15 milhões de terceirizados, apenas 16% estão habilitados para as funções que exercem. Outro aspecto que impressiona, é que apenas 10% do PIB nacional decorre da indústria de transformação, em que o valor agregado é maior. Por outro lado, o país ocupa o 114º, entre 183 países, em fatores que atravancam o desenvolvimento e a exportação (ou seja, excesso de burocracia, dificuldades de transporte e custo elevado dos contêineres).

Lembra, também, que a carga tributária brasileira é elevada, mal distribuída e pessimamente aproveitada. Outro aspecto preocupante é que, entre 51 milhões de estudantes brasileiros, somente 50% concluem seu curso, sendo que 32.000 professores têm conhecimento insuficiente sobre o que lecionam em matérias específicas, 46.000 não têm formação e 61.000 estão fora das salas de aulas, dados estes levados ao MEC para reflexão.

Assim, muitos outros elementos relevantes apontam para notória falta de governança do poder público federal, que conta com, aproximadamente, 113.000 comissionados (concursados fora da função ou contratados sem concurso), além de algumas centenas de milhares de concursados.

O eminente autor inicia o livro ao falar do aparecimento do Tribunal do Tesouro Nacional (20.11.1850), germe das Cortes de Contas, e sua transformação, em novos moldes, em 1893, além de sua evolução até a nova conformação, dada pelos artigos 70 a 75 da Lei Suprema em 05.10.1988. Houve, então, um aperfeiçoamento da forma de controle, a ponto de ter conseguido, em 2013, o TCU, adotar a mais pormenorizada técnica de análise das contas públicas, com extensão de critérios e mecanismos para os demais Tribunais Estaduais e os dos dois Municípios que, constitucionalmente, estão autorizados a mantê-los.

É, contudo, à luz da Constituição de 1988 que examina o poder atual do TCU, o efetivo controle que o Sodalício passou a exercer, mais abrangente, inclusive com abertura à cidadania, para interpelá-lo e provocá-lo.

Participei de audiências públicas, durante a Constituinte. Conversei com os responsáveis das três Subcomissões da Comissão VI (Sistema Tributário, Finanças Públicas e Orçamentos), tendo, na Subcomissão de Sistema Tributário, durante quase um dia inteiro, exposto minhas teses, apresentado sugestões – algumas constantes do Texto Maior –, perante constituintes do porte de José Serra, Roberto Campos, Francisco Dornelles, Mussa Demeis, Fernando Bezerra e outros.

Mantive permanente contato com um velho companheiro de Conselho da OAB, que chegou à presidência do Conselho Federal, Senador Bernardo Cabral, seu relator, e com o Deputado Ulysses Guimarães, presidente.

Com Celso Bastos comentei, em 15 volumes e mais de 12.000 páginas, a Constituição Brasileira (Saraiva), tendo sido os nossos comentários, ao lado dos de Manoel Gonçalves Ferreira Filho (4 volumes, Saraiva), José Cretella (9 volumes, Forense) e Pinto Ferreira (7 volumes, Saraiva), os quatro primeiros e mais extensos exames da Carta Maior.

Coube-me, no Título IV, a análise do processo legislativo (arts. 59 a 69), Tribunal de Contas (70 a 75) e Poder Executivo (76 a 91) e, no Título VI, os comentários aos artigos 145 a 169. Elogiei os constituintes pelos comandos 165 a 169 (Dos orçamentos), ao imporem Lei Complementar para regular os três orçamentos gerais (plano plurianual, lei de diretrizes e lei orçamentária), assim como, na lei orçamentária, os três orçamentos propriamente ditos (fiscal, estatal e previdenciário).

Impressionou-me terem os constituintes definido que nenhuma despesa poderia ser feita sem que a receita correspondente estivesse assegurada, entendendo Francisco Dornelles, em programa de TV que fizemos juntos (Ferreira Neto), que, pela primeira vez, a responsabilidade fiscal passaria a ser princípio constitucional.

A lei complementar (101/2000) só surgiu 12 anos depois, mas exteriorizou a rigidez pretendida pelo constituinte. Decidi comentar, com eminentes juristas especialistas na área, o novo diploma, sob coordenação de Carlos Valder do Nascimento e minha, com apresentação de Carlos Mário Velloso. Editamos os *Comentários à Lei de Responsabilidade Fiscal*, contando com trabalhos de Maria Sylvia Zanella Di Pietro, José Maurício Conti, Misabel Abreu Machado Derzi, Gilmar Ferreira Mendes, Mauro Roberto Gomes de Mattos, Damásio de Jesus e nosso. Tais comentários estão na 7ª edição (*Comentários à Lei de Responsabilidade Fiscal*, Saraiva, São Paulo, 2014).

Esta é a razão pela qual ao ler o livro do Ministro João Augusto Ribeiro Nardes, verifico, quanto às denominadas "pedaladas fiscais", que conseguiu provar toda a violência praticada pelo Governo da Presidente Dilma à moralizadora Lei Complementar nº 101/2000.

Recentemente, soube-se que, já em 2013, técnicos do Tesouro Nacional, em relatório de 97 páginas, detectaram as infringências ao diploma legislativo, alertando o Governo sobre os efeitos danosos que provocariam na economia. Tudo isso está a destacar a sabedoria do texto complementar, assim como a insensatez do Governo

Federal em, deliberadamente, violá-la, sem quaisquer espécies de escrúpulos, a fim de vencer apertadamente uma eleição, apregoando fatos inexistentes ou fantasiosos em sua campanha eleitoral e escondendo a realidade das finanças públicas brasileiras, somente em 2015 desventrada.

Essa parte do livro, com números impactantes, demonstra como a lei de responsabilidade tributária foi irresponsavelmente maculada pelo governo da Presidente Dilma.

Por fim, no último capítulo, em voto de confiança à potencialidade do Brasil, o Ministro Nardes acena para um Brasil competitivo e com um porvir possível e brilhante. O livro é muito bom. Deveria ser lido por todos os políticos brasileiros das três esferas federativas, a fim de que os erros deliberados e aqueles, por desconhecimento legal, praticados por autoridades não mais venham a ocorrer.

É, pois, com alegria e honra que prefacio este livro.

Creio que, em relação à responsabilização fiscal, certamente, o livro marcará época no Brasil.

Ives Gandra da Silva Martins

Professor Emérito das Universidades Mackenzie, UNIP, UNIFIEU, UNIFMU, do CIEES/Estado de São Paulo, da Escola de Comando do Estado Maior do Exército (Eceme), da Escola Superior de Guerra (ESG), da Magistratura do Tribunal Regional Federal – 1ª Região. Prof. Honorário da PUC-Paraná. Presidente do Conselho Superior do Direito da Fecomércio-SP. Fundador e presidente Honorário do Centro de Extensão Universitária (CEU), da Escola de Direito do Instituto Internacional de Ciências Sociais (IICS). Além disso, prof. Honorário das Universidades Austral (Argentina), San Martin de Porres (Peru), Vasili Goldis (Romênia), além de Doutor *Honoris Causa* da Universidade de Craiova, no mesmo país.

APRESENTAÇÃO DA PRIMEIRA EDIÇÃO

Como ministro do Tribunal de Contas da União (TCU) desde 2005, sorteado para atuar como relator das Contas do Governo de 2014, tive a oportunidade de protagonizar episódio que ficará marcado para sempre na história da instituição. Pela segunda vez em seus 127 anos de existência, o Tribunal emitiu parecer em que recomendou a não aprovação das contas de um presidente da República. A oportunidade anterior ocorrera no ano de 1937, ocasião em que o relator, o gaúcho Thompson Flores, fundado nas análises técnicas realizadas à época, pronunciou-se desfavoravelmente à aprovação das contas de 1935 do então presidente Getúlio Vargas.

A diferença entre esses dois momentos históricos é que, naquela oportunidade, a Câmara dos Deputados não acompanhou o parecer do Tribunal e aprovou as contas do presidente. Já no episódio mais recente, o Congresso Nacional não apenas corroborou as conclusões do parecer do TCU, como o utilizou como base para o afastamento da presidente da República.

O acontecimento de 1937 nos ensina uma lição para ser aplicada no presente. Infelizmente, foi pouco documentado. Este livro pretende oferecer subsídios para o estudo histórico do segundo caso, o do parecer que recomendou a não aprovação das Contas de 2014 da então presidente Dilma Rousseff, que também teria suas Contas de 2015 não aprovadas pelo Tribunal de Contas da União, já após perder seu mandato, caso tão marcante da vida institucional da Corte de Contas e também de toda a nação brasileira, eis que desencadeou uma série de consequências jurídico-constitucionais para o País, tendo o parecer do TCU, fruto de trabalho técnico, servido de subsídio ao processo político que desaguou no *impeachment* da presidente da República.

Nesta obra relatamos fatos que ocorreram no processo de apreciação das contas do governo. Abordamos fiscalização das contas públicas, gestão fiscal, responsabilidade que cabe aos governantes, ingredientes analisados no processo de exame das contas de governo, mas tratamos, também, e principalmente, a governança, os desafios do país frente à grande responsabilidade de tirar lições desse episódio, a fim de que se possa aprender com o passado nessa busca pelo alcance da boa governança, meta indispensável para assegurar um futuro melhor aos nossos filhos.

Espero que nossas memórias aqui registradas auxiliem na compreensão desse fato tão importante na história do País, e ajudem a sociedade e a nação em sua busca por equilíbrio, paz social e desenvolvimento sustentável.

Augusto Nardes

"POEMA DA GOVERNANÇA"[1]

CAMILA POZZER

RGB é esperança
Rede colaborativa
E qualificada
Em prol da governança

Rede multidisciplinar
Que acredita e luta para o país melhorar
Por meio de estratégia, controle e liderança
Mecanismos da governança

Rede otimista que trabalha pelo país
Com voluntários da nação
Dissemina boas práticas da governança
Com foco nas entregas ao cidadão

Fomenta a implantação da governança
De forma íntegra, ética e transparente
Contribuindo para um Brasil melhor
Social e economicamente
Entregando valor à sociedade
Com eficiência, eficácia e efetividade

Composta por diversidade
Proativismo e independência
Colaborativismo e coerência
Valores que orientam esta rede

Segue os princípios da governança
Preconiza a prestação de contas
Fortalece a capacidade de resposta
E promove a melhoria regulatória
Reforça a integridade e a confiabilidade
Atua com transparência e responsabilidade

Da governança à esperança
É a própria RGB
Exemplo de cooperação
E compromisso com a nação
É o legado de um visionário
Chamado Augusto Nardes

---

[1] Este poema é uma homenagem aos 200 voluntários da Rede Governança Brasil (RGB) sendo a autora Camila Pozzer, também voluntária do movimento. A Rede Governança Brasil é um movimento cívico formado por diversos profissionais comprometidos em disseminar a Governança pelo país. Destaca-se o caráter voluntário e realizado com muita seriedade pelos parceiros da rede em prol do desenvolvimento do Brasil.

CAPÍTULO 1

A ATUAÇÃO NO TCU

Do Parlamento ao Tribunal de Contas

Como sugeri na Apresentação desta obra, é a partir do registro de minhas memórias que ambiciono dar uma contribuição para a análise histórica, política, financeira e jurídica de nosso país. Antes de descrever o processo que levou à rejeição das contas de governo de 2014, volto um pouco no tempo e recordo o momento em que deixei o Parlamento para assumir uma cadeira como ministro do Tribunal de Contas da União (TCU), isso porque minha trajetória na vida pública foi influenciada pelo novo contexto em que me inseri, mas obviamente minha atuação parlamentar também somou para influenciar no exercício das minhas atribuições no Tribunal a partir de então.

A mudança na minha vida pública ocorreu dentro de um processo político que, particularmente, se apresentava complexo e desafiador. Isso porque em 2003 surgiram rumores de que meu ex-partido, o Partido Progressista (PP), apoiaria o governo do presidente Luiz Inácio Lula da Silva, eleito no ano anterior. Pelo posicionamento assumido ao longo dos anos, representantes do meu partido deveriam permanecer independentes e não participar daquele governo, que inicialmente não convidou os partidos para formar uma aliança na estrutura governamental.

Por questão de coerência com nossos propósitos e ideais, criamos um grupo contrário à participação do PP no governo Lula, um grupo independente dentro do partido, apoiado por aqueles que acreditavam que deveríamos fazer oposição de forma construtiva, votando aquilo que era importante para a nação, mas sem participar ativamente do governo. Não tínhamos acesso às articulações feitas pelo grupo do partido que desejava essa participação, um grupo de número significativo, naquele momento liderado pelos então deputados Janene e Pedro Corrêa. Eu e os demais participantes do grupo independente do PP acabamos ficando marginalizados dentro do próprio partido. Com o avanço das articulações, a participação do PP no governo foi consolidada, mesmo sem nosso apoio.

Essa ruptura com o PP teve início quando me candidatei a Secretário-Geral da Mesa da Câmara Federal, ocasião em que Severino Cavalcanti candidatou-se a presidi-la. Em determinado momento, Severino recuou e, com a maioria do partido, fez nova composição com Aécio Neves, quando fui alijado da possibilidade de ser candidato a Secretário-Geral da Mesa, mesmo já tendo avançado bastante na campanha para a candidatura.

Nesse momento tomei a decisão de me tornar um candidato independente e, no primeiro turno, tive 248 votos contra os 190 de Severino, faltando pouquíssimos votos para me eleger no primeiro turno. Porém, havia um acordo com a composição formada entre Aécio Neves e Severino que garantia ao candidato oficial apoio de todos os partidos caso as eleições fossem para o segundo turno, o que impossibilitou minha eleição. Esse episódio criou em mim uma revolta maior pelo fato de ter a intenção de avançar, evoluir dentro do partido, discutir temas de interesse da nação, não de um grupo.

Com a batalha da candidatura à Mesa da Câmara vencida, candidatei-me a presidente da Comissão da Agricultura e fui novamente alijado por outra articulação política, o que foi me desencantando.

Os anos 2003 e 2004 foram muito importantes para a minha decisão de sair da vida política. Estávamos no início do governo Lula, que estrategicamente preferiu articular e angariar parlamentares, abrindo mão de uma composição pautada em propostas para a sociedade brasileira.

Meu grupo era pequeno, integrado por doze, no máximo quatorze deputados, que não compactuavam com a forma como o governo estava se impondo e optavam por dele não participar, permanecendo independentes.

Já desesperançado e sem motivação para continuar trabalhando em um partido que havia sido entregue ao governo, surgiu a animadora possibilidade de ser candidato a Ministro do Tribunal de Contas da União.

Comecei a trabalhar na candidatura ao TCU em 2005, ciente de que seriam eleições dificílimas, já que concorria com José Pimentel (PT), com Osmar Serraglio (PMDB), e Carlos Nader (PL), todos apoiados por seus partidos, tendo o PT e o PMDB mais de 70 deputados em suas bases, o PL pouco menos e o PP com a base dividida.

Dos nove ministros do Tribunal de Contas da União, um terço é escolhido pelo Presidente da República, com aprovação do Senado Federal, sendo um de escolha pessoal e os outros dois escolhidos alternadamente dentre auditores e membros do Ministério Público junto ao Tribunal, indicados em lista tríplice pelo Plenário da Casa, segundo os critérios de antiguidade e merecimento. Os outros dois terços são escolhidos pelo Congresso Nacional, indicando a Câmara dos Deputados três ministros e o Senado outros três. Vale ressaltar que qualquer um dos candidatos deve preencher os requisitos estabelecidos pela Constituição Federal e passam por sabatina. No caso dos indicados pelo Congresso, esse momento de arguição é feito na Comissão de Fiscalização e Finanças da Câmara dos Deputados, já no caso dos indicados pelo Presidente da República, a sabatina é realizada pela Comissão de Assuntos Econômicos do Senado.

Fazendo contato individualmente com cada gabinete dos deputados, já que concorreria a uma das vagas destinadas à indicação da Câmara, em um ritmo de trabalho muito intenso, comecei então o que chamo de "corrida por fora". Já com a campanha em sua metade, soube pelo próprio presidente do meu ex-partido, Pedro Corrêa, que ele não me apoiaria, optando por defender a candidatura de Osmar Serraglio, em função de sofrer minha oposição dentro do partido. Sem seu apoio, fui em busca da colaboração de outros partidos, recebendo suporte dos Democratas, do PSDB e de outros deputados de partidos variados.

Reagindo à minha campanha exitosa, o governo adiou a votação o quanto pôde, até que todo o trabalho desenvolvido no Congresso Nacional junto à Frente Parlamentar da Micro e Pequena Empresa e junto à Bancada Agrícola (dos quais falarei mais adiante) foi retribuído em forma de apoio nas eleições. Com 203 votos, em votação ocorrida em 17 de maio de 2005, fui consagrado vencedor diante dos 138 votos obtidos por José Pimentel e um número pouco menor por Osmar Serraglio e Carlos Nader. Após uma campanha praticamente independente e autônoma, fui eleito ministro do Tribunal de Contas da União e estava com minha motivação e ânimo renovados ante o novo caminho que se abrira.

Os primeiros atos como ministro

Encerrada a carreira parlamentar, iniciava-se um novo ciclo em minha vida, com a assunção de responsabilidades em funções judicantes, com a posse, em 20 de setembro de 2005, no cargo de ministro do Tribunal de Contas da União.

No dia anterior havia pronunciado, na Câmara dos Deputados, o meu último – e talvez o mais emocionado – discurso como parlamentar. Quase não o concluía, tal a quantidade de apartes dos colegas deputados. Lembro-me dos nomes de alguns dos parlamentares que me prestigiaram naquele momento: Pedro Ribeiro; Hamilton Casara; João Fontes; Wagner Lago; Mauro Benevides; Feu Rosa; entre tantos outros presentes àquela memorável sessão.

Na manhã de 20 de setembro, então, em sessão extraordinária do Plenário do Tribunal de Contas da União iniciada às dez horas e trinta minutos, tomei posse no cargo de ministro, em cerimônia na qual fui saudado pelo hoje ministro emérito Ubiratan Aguiar e pelo então procurador-geral do Ministério Público que atua junto ao TCU, Lucas Rocha Furtado.

Sucedi ao ministro Humberto Souto, parlamentar de renome pelo estado de Minas Gerais e, citando suas palavras, afirmei na ocasião que iniciava minhas novas responsabilidades constitucionais, legais, regimentais e éticas com a mesma preocupação com a fiscalização e controle dos bens e recursos públicos, na plena convicção de que o TCU representava o mais autêntico e legítimo aliado das instituições democráticas no combate à corrupção e ao mau uso do dinheiro público.

Faço um parêntese para observar que, perto de completar 115 anos naquele setembro de 2005, o TCU ainda era um desconhecido da sociedade brasileira. Criado em 1890 por Ruy Barbosa, no contexto da proclamação da República, institucionalizado na Constituição de 1891 e instalado definitivamente em 1893, o Tribunal funcionou até meados do século XX quase como um departamento do Ministério da Fazenda. Tanto que seus membros só passaram a receber o tratamento de ministros em 1917, até então denominados diretores.

As Constituições foram sucessivamente redefinindo as competências do Tribunal; umas, ampliando; outras, reduzindo, até que a Constituição de 1988 conferiu à Corte um extenso leque de atribuições, com destaque para o julgamento das contas dos administradores públicos, tanto na administração direta quanto na indireta, a começar pelo presidente da República, alcançando inclusive as fundações e sociedades instituídas ou mantidas pelo poder público federal.

O Tribunal passou a acompanhar diretamente a eficiência da gestão governamental. Cabe também a ele a realização de auditorias nas unidades administrativas dos Três Poderes.

A nova Carta trouxe também a possibilidade de qualquer cidadão, partido ou entidade da sociedade civil poder ser parte legítima para denunciar irregularidades perante o Tribunal, que a partir daquele ano ganhou poder, como já dito, para julgar responsáveis, inclusive privados, que causem prejuízo ao Erário. A Constituição Cidadã inovou também ao conferir ao TCU competência para apreciar a legalidade da contratação de pessoal nas administrações direta e indireta, inclusive fundações públicas.

O Ministério Público, que já atuava perante o Tribunal, foi elevado a nível constitucional, o que conferiu ao órgão maior grau de independência e autoridade na fiscalização das decisões do Colegiado. Outra inovação da Constituição de 1988, que está em vigor, se deu em relação ao critério de escolha dos ministros do TCU. Atualmente, o Tribunal é formado por nove ministros, dos quais seis são escolhidos pelo Congresso Nacional e três pela Presidência da República, cada um a partir de lista tríplice, e aprovados pelo Senado Federal.

O TCU atua de forma colegiada, com decisões tomadas pelo Plenário da Corte de Contas, composto por todos os ministros e dirigido pelo presidente da Casa. O presidente e o vice-presidente do TCU são eleitos por seus pares para um mandato de um ano, sendo permitida uma reeleição. Nas sessões do Plenário e das Câmaras, é obrigatória a participação dos representantes do Ministério Público especializado que atua junto ao Tribunal.

Toda essa estrutura destina-se ao exercício do controle externo que, embora caiba ao Congresso Nacional, tem no TCU seu executor autônomo e independente, como é próprio dos regimes democráticos. Na prática, o Tribunal atua como perito para a sociedade e o Congresso Nacional.

A Corte ganhou, portanto, mais força e importância em relação a momentos históricos anteriores, mas infelizmente a população ainda conhece pouco sobre os tribunais de contas e sua missão precípua de controle externo da administração pública em todas as suas esferas, federal, estadual e municipal, missão cada vez mais intimamente ligada ao exercício da democracia. E o TCU é elemento integrante da estrutura de governança pública do Estado, ou seja, faz parte da engrenagem montada para viabilizar a prestação de serviços públicos de qualidade ao povo brasileiro.

Logo que cheguei ao TCU, a esse Tribunal que havia ganhado responsabilidades ampliadas a partir da 1988, deparei-me com uma situação de extrema importância: a péssima qualidade das estradas públicas brasileiras, analisada em processos de fiscalização em tramitação no Tribunal. O assunto interessava bastante, não só a mim, mas também a toda a sociedade, dado o elevado montante de recursos públicos envolvidos em contraponto à precariedade de nossas estradas, caminho principal para o escoamento da produção nacional.

Nos feitos que passaram a ser de minha relatoria, verifiquei a necessidade urgente de reparação de alguns trechos de rodovias transferidas aos estados de Minas Gerais, Paraná e Rio Grande do Sul, no âmbito da Medida Provisória nº 82/2002, posteriormente vetada pelo presidente da República, que dispunha sobre a transferência, da União para os estados e o Distrito Federal, de parte da malha rodoviária sob jurisdição federal.

Em visita a algumas rodovias no estado de Minas Gerais, deparei-me com uma realidade verdadeiramente dramática. Em diversos trechos da viagem, desci do automóvel para avaliar *in loco* inúmeros trechos das estradas: placas de asfalto se desprendiam do pavimento e se desmanchavam ao toque das mãos, praticamente se esfarelando. Diante dessa gravíssima situação, expedi três medidas cautelares recomendando ao Ministério dos Transportes que, em conjunto com o Ministério do Planejamento, Orçamento e Gestão e o Departamento Nacional de Infraestrutura de Transportes (DNIT), desse início imediatamente a obras emergenciais nos segmentos das estradas federais que se encontravam em situação crítica de conservação e manutenção.

No dia 5 de outubro de 2005, submeti ao Plenário do Tribunal a primeira das três medidas de urgência que expedi, todas com teor semelhante ao que comuniquei ao Colegiado nos termos transcritos a seguir:

> Sr. Presidente,
> Srs. Ministros,
> Sr. Procurador-Geral,
> Comunico ao Plenário que – no dia de hoje, por volta das 10h00, – concedi MEDIDA CAUTELAR por meio do Despacho, cuja cópia faço distribuir a Vossas Excelências, no sentido de determinar, com base no art. 45 da Lei nº 8.443/1992 combinado com o art. 276, caput, do Regimento Interno do TCU, a suspensão dos atos de transferência de domínio das rodovias Federais BR-476, 163, 272 e 287, nos trechos situados nos estados do Paraná e do Rio Grande do Sul, até que o TCU decida sobre o mérito da questão suscitada. Recomendei, ainda, que o Ministério dos Transportes em conjunto com o DNIT e com o Ministério do Planejamento, Orçamento e Gestão *adotem medidas urgentes*, reexaminando prioridades orçamentárias e possibilidades de descontingenciamento de créditos orçamentários, com vistas a *executar obras emergenciais* nos trechos rodoviários examinados nestes autos, podendo valer-se, se for o caso, das hipóteses de contratação direta, em especial daquela prescrita no art. 24, IV, da Lei nº 8.666/1993, atentando para o disposto no art. 26 desta mesma lei e no art. 50, IV, da Lei nº 9.784/1999. Assinei, enfim, o prazo regimental para que os interessados possam se pronunciar acerca da medida cautelar concedida.
> A cautelar foi concedida de ofício e sem prévia oitiva dos interessados, considerando a urgência e a gravidade das precárias condições de conservação das rodovias federais supostamente transferidas aos referidos Estados por meio de atos firmados sob a égide da Medida Provisória nº 82/2002. Em suma, os fatos podem ser assim compreendidos. A medida provisória foi editada e, mais tarde, o projeto de lei de conversão veio a ser vetado pelo Presidente da República, tendo o veto sido mantido pelo Congresso Nacional sem promulgação de decreto legislativo tendente a reger as relações jurídicas então estabelecidas. A partir daí, surgiram incertezas jurídicas em torno da responsabilidade pela manutenção das estradas federais cujo domínio teria sido supostamente transferido aos Estados. Por conseguinte, a União e os estados do Paraná e do Rio Grande do Sul deixaram de realizar trabalhos de conservação das rodovias, porquanto aquela

considera ter havido a indigitada transferência, cabendo aos Estados a manutenção das estradas, enquanto estes entendem não ter havido a transferência, cabendo à União tal atividade.
Depois de realizar inspeção in loco, a unidade técnica informou que a situação das rodovias é precária e tecnicamente insustentável, expondo o erário e a comunidade local a inaceitáveis riscos, já que a falta de obras de conservação gera a possibilidade de desabamento de pontes e pode resultar na completa deterioração das rodovias federais pretensamente transferidas aos referidos Estados.
Nesse sentido, ressalto que estão presentes os pressupostos para a concessão da cautelar. A fumaça do bom direito ergue-se diante das atuais circunstâncias da transferência de domínio promovida sob a égide da MP que veio a ser vetada. Eis que os atos de transferências praticados durante a vigência da malsinada MP não se apresentam, à primeira vista, acabados e perfeitos, já que estariam submetidos a condições suspensivas, em consonância com o disposto na própria MP nº 82/2002. Desse modo, ganha aparência de legitimidade a tese estadual de que o domínio das referidas rodovias teria permanecido com a administração federal, até porque, diante do veto à MP e da possível imperfeição dos atos de transferência, deve-se homenagear não só o preceito contido no art. 20, I, da Constituição de 1988, mas também o princípio da continuidade do serviço público. O perigo na demora, por sua vez, também está devidamente evidenciado, ante as precárias condições de manutenção das rodovias. Até porque a situação requer respostas institucionais imediatas, não sendo plausível esperar todo o exame de mérito inerente ao presente processo, para, somente depois, determinar a adoção das medidas emergenciais que se mostram necessárias.
Nesse cenário, configura-se o fundado receio de grave lesão ao erário, já que futuras despesas com reconstrução das estradas e das pontes podem superar, em muito, o total de gastos com a simples conservação emergencial das estradas e pontes. De mais a mais, fica caracterizado também o risco de ineficácia da futura decisão de mérito, até mesmo porque de pouco adiantaria o Tribunal vir a entender, mais tarde, que as estradas teriam permanecido no domínio da União, cabendo-lhe a conservação das obras públicas, se essas obras não mais existissem ou existissem em estado deplorável, demandando verdadeiro trabalho de reconstrução.
Essas são, enfim, as razões que fundamentam a medida cautelar adotada no Despacho que ora submeto à apreciação do Plenário, nos termos do art. 276, §1º, do Regimento Interno do TCU.

A cautelar, de natureza satisfativa, não empregada usualmente nos processos submetidos a julgamento perante a Corte de Contas, provocou acalorados debates na sessão do Plenário daquele dia 5 de outubro de 2005, movimentação que, de certa forma, marcou de modo permanente meu ingresso no Tribunal. Agradeço especialmente ao ministro Benjamin Zymler que destacou a decisão como inovadora na Corte. Cumpria logo na chegada aquilo que prometi em meu discurso de posse: a preocupação com a fiscalização e controle dos bens e recursos públicos, aliando-me à luta das instituições democráticas no combate à corrupção e ao mau uso do dinheiro público.

Tais fatos culminaram com o lançamento, pelo governo federal, do Programa Emergencial de Trafegabilidade do Governo Federal (PETSE), mais conhecido como Operação "Tapa-Buracos". Como relator dos processos afetos ao DNIT na ocasião, presidi as amplas fiscalizações no âmbito daquele programa, fato que levou a um aprofundamento de minha atuação na seara judicante.

A atuação na área internacional

No cotidiano do Tribunal, aos poucos fui percebendo uma área que merecia maior atenção: a atuação do TCU no cenário internacional. Membro fundador, desde 1953, da Organização que congrega as entidades de fiscalização superior, a INTOSAI (sigla em inglês para *International Organization of Supreme Audit Institutions*), o Tribunal atuava em vários de seus grupos regionais e comitês, entre eles a Organização Latino-americana e do Caribe de Entidades Fiscalizadoras Superiores (OLACEFS), criada em 1965.

Desde que fui empossado no cargo de ministro, encontrei o Tribunal com ativa atuação na OLACEFS, com participação nas iniciativas regionais e trocas de experiências, tanto no Conselho Diretor quanto nos Comitês de Capacitação Regional (CCR), na Comissão de Ética Pública, Probidade Administrativa e Transparência (CEPAT), na Comissão de Desempenho das EFS e Indicadores de Desempenho (CEDEIR) e na Comissão Técnica de Auditoria Ambiental (COMTEMA), tendo dirigido esta última de novembro de 1999 a abril de 2009.

No ano de 2000 havíamos sediado a X Assembleia Geral da Organização. Na área de capacitação, o Tribunal há vários anos enviava regularmente instrutores para trabalhar em eventos promovidos pelo CCR e pelo IDI (Iniciativa para o Desenvolvimento da INTOSAI). Também vinha oferecendo às Entidades Fiscalizadoras Superiores (EFS) da região de abrangência da OLACEFS participações em seus cursos, virtuais ou presenciais, com destaque para o curso de Auditoria de Natureza Operacional (Anop).

Nos anos 1990 e início dos anos 2000, o TCU havia sido subsede para capacitação para os cursos "Auditorias de Sistemas Computadorizados" e "Gestão Ambiental". Também participou de auditorias coordenadas no âmbito da Organização das EFS dos Países do Mercosul e Associados (EFSUL), que integrava desde a sua criação, e da COMTEMA.

A partir de 2008, o Tribunal esteve à frente da Secretaria-Executiva da EFSUL, quando participei ativamente para sugerir alterações na forma do TCU atuar. No desempenho dessa missão, a Corte desenvolveria os primeiros planos estratégicos da EFSUL (2009-2011 e 2012-2014) e daria impulso à atividade de auditoria coordenada entre as EFS integrantes da Organização.

Três trabalhos de auditoria coordenada seriam realizados: dois tratando do funcionamento do Fundo de Convergência Estrutural do Mercosul (FOCEM) e um terceiro tratando de um programa financiado por esse Fundo, o "Programa Mercosul livre de febre aftosa (PAMA)".

Desde 1995, o Tribunal atuava também como membro do Conselho Diretor da Organização das Instituições Supremas de Controle da Comunidade dos Países de Língua Portuguesa (OISC/CPLP) e sediava sua Secretaria-Geral. Nos anos de 2000 e 2004, sediou as assembleias gerais da organização. A partir de 2010, essa organização passaria a integrar a INTOSAI como membro associado.

Compreendi, então, que era chegada a hora de o Tribunal empenhar toda essa experiência acumulada na área internacional em prol de uma atuação mais acentuada no âmbito da OLACEFS. Quando o TCU estava prestes a sediar, no ano de 2012, a Assembleia Geral da organização, encontrando-me na Vice-Presidência da Casa, dirigi postulação do Tribunal de Contas da União à Presidência da OLACEFS para o biênio 2013-2014. Como articulei com antecedência, fui eleito por aclamação no Congresso realizado no final de 2012 no Brasil.

Entendi que a experiência do TCU poderia ser utilizada em benefício da OLACEFS, dando a ela impulso significativo como organização internacional fomentadora do desenvolvimento institucional de seus membros. A longa e variada experiência do Tribunal no âmbito da cooperação internacional permitiria o exercício de uma presidência atenta às várias possibilidades e oportunidades que pudessem surgir no cenário internacional para a OLACEFS e capaz de promover articulação com vários parceiros que pudessem beneficiar as EFS da Região.

Também entendemos como de suma importância a aproximação da OLACEFS com a INTOSAI e com as agências de cooperação internacional, como Banco Mundial, Banco Interamericano de Desenvolvimento (BID), agências da Organização das Nações Unidas (ONU), Organização dos Estados Americanos (OEA), entre outras. Afinal, a OLACEFS precisava sair do contexto do continente americano e expandir sua atuação para se aproximar dos órgãos internacionais, como INTOSAI e EUROSAI, entre outros, a fim de se beneficiar das boas práticas de governança já pesquisadas e adotadas no âmbito daquelas organizações.

Com efeito, logo ao assumir a Presidência da OLACEFS, mantive encontros com diversas instituições multilaterais nos Estados Unidos e no Canadá. Estive, por exemplo: com o secretário-geral da OEA, José Miguel Insulza; com a gerente financeira do Banco Mundial e colíder do Comitê INTOSAI-Doadores, Jennifer Thomson; com o diretor-executivo para assuntos do Brasil do BID, Ricardo Carneiro; com o controlador-geral do *Government Accountability Office* (GAO), dos Estados Unidos, Gene Dodaro; com a administradora do Programa das Nações Unidas para o Desenvolvimento (PNUD), Helen Clark; com a subsecretária-geral da ONU, Carman Lapointe; com o subsecretário-geral da ONU, Wu Hongbo; com o diretor-geral assistente do *Auditor General Office* do Canadá, Neil Maxwell; e com o diretor para as Américas da Agência Canadense para o Desenvolvimento Internacional (CIDA), Julian Murray.

Assim, em continuidade ao excelente trabalho realizado pela Presidência que se encerrava, que centrou esforços na modernização da Organização e em projetos de capacitação, o Tribunal de Contas da União se propunha, no documento encaminhado, a colocar a ênfase de sua presidência no desenvolvimento institucional das EFS membros.

Em conjunto com a Secretaria-Executiva, o CCR e demais órgãos da OLACEFS, nos propusemos a buscar meios de facilitar às EFS da Região o acesso a mecanismos de autoavaliação, para que conhecessem bem seus pontos fortes e suas oportunidades de melhoria, colocando em prática ações para fomentar a internalização do conhecimento à disposição na comunidade internacional de EFS.

Entre os temas constantes daquele documento, considerados importantes para o desenvolvimento da atuação internacional do TCU e da OLACEFS, havia matérias que se tornariam diretrizes de nossa gestão à frente da Corte de Contas, no biênio 2013-2014, e seriam continuadas na gestão do Ministro Cedraz, entre elas: a realização de auditorias coordenadas como estratégia de capacitação; o diagnóstico institucional; a gestão do conhecimento; e a articulação com outros grupos regionais da INTOSAI, o que possibilitaria uma liderança maior para almejar a presidência do sistema INTOSAI, com 192 países, passo que se concretizará em 2022, quando o Brasil presidirá a INTOSAI, tendo o Ministro Bruno Dantas como presidente da entidade, já que estará à frente da Corte de Contas, segundo os critérios estabelecidos no âmbito do TCU. Assim, o Brasil liderará o sistema que padroniza as auditorias no mundo todo, com estreita colaboração das Nações Unidas.

Antes, porém, de avançarmos no tema relativo à área internacional, adentrando realizações de minha gestão à frente da Presidência do TCU, quero registrar uma outra diretriz que foi determinante para o alcance dos objetivos almejados: a especialização das unidades técnicas. Ela está diretamente relacionada com a questão das auditorias coordenadas e dos avanços obtidos no cenário internacional.

A especialização das unidades técnicas

A história está plena de exemplos que nos mostram que grandes desafios trazem consigo grandes oportunidades. Nas sociedades modernas, um dos maiores desafios enfrentados é, certamente, o controle das contas públicas. No mundo inteiro, de uma maneira geral, e no Brasil, em particular, o cidadão anseia por melhores resultados das organizações públicas e espera que sejam prestados serviços públicos de qualidade nas áreas que lhe são essenciais, como educação, saúde, previdência, entre outras.

Como órgão de controle externo das contas públicas, o Tribunal de Contas da União tem atuado desde a sua criação, ainda no século XIX, no sentido de julgar as contas de responsáveis por mau uso do dinheiro público, aplicando sanções e determinando a devolução dos recursos desviados.

Como já mencionei, a Constituição de 1988 possibilitou ao Tribunal ampliar sua fiscalização também no sentido de mensurar a eficiência e a eficácia no emprego dos recursos públicos. Passamos a analisar os gastos não só sob a ótica da legalidade, ou da conformidade contábil, mas também examinando a gestão sob a ótica da operacionalidade, ou do desempenho, da performance. Assim, abriu-se para o TCU uma vertente de atuação preventiva, de caráter pedagógico, que trouxe resultados mais robustos e efetivos para a atuação estatal. Avanços significativos foram alcançados e a Corte de Contas experimentou grande êxito no cumprimento de suas competências constitucionais. Novos desafios, no entanto, surgiriam no horizonte.

Por meio de análise de cenários prospectivos, diversos riscos externos foram identificados como sendo já atuais ou situados em futuro muito próximo, a exemplo do crescimento de temas complexos como programa de doação de órgãos, avaliação de impactos e passivos ambientais, regulação de serviços públicos, entre outros. Além desses, a análise apontou também o incremento de fraudes eletrônicas, a pressão dos setores produtivos por melhoria de infraestrutura e o uso intensivo de tecnologia pela administração pública.

Em 2010, ao elaborar o planejamento estratégico do TCU, documento que iria nortear as ações do Tribunal até 2015, e cuja elaboração contou com a participação da sociedade e de servidores de quase todos os setores da Casa, notamos claro avanço na valorização da dimensão colaborativa do controle, que se reflete nos termos em que está redigida a nossa missão institucional: "Controlar a Administração Pública para contribuir com seu aperfeiçoamento em benefício da sociedade".

Constatamos, então, que a dinâmica do mundo atual, aliada aos anseios da sociedade, estava a exigir do Tribunal que centrasse sua atuação com base em maior especialização de suas unidades técnicas, a fim de que pudessem ter foco, essencialmente, nas áreas e temas considerados mais relevantes para o país e para o cidadão.

De posse desse diagnóstico, transformamos o desafio em oportunidade e demos um passo à frente para a excelência do controle. Ainda no ano de 2012, quando nos preparávamos para assumir a Presidência do Tribunal de Contas da União, adotamos como diretrizes de nossa gestão a especialização das unidades técnicas e a melhoria da governança pública.

A especialização das unidades técnicas já vinha sendo construída nas últimas gestões do Tribunal, com experiências bem-sucedidas em obras públicas, desestatização e pessoal. A ampliação dessa diretriz para as demais áreas, inspirada na leitura da classificação funcional da despesa pública, combinava o reconhecimento de resultados já alcançados com novos desafios identificados no âmbito do plano estratégico.

O objetivo dessa evolução era fazer com que as secretarias tivessem identidade em sua atuação. Propusemos a criação, por exemplo, de uma secretaria para cuidar especificamente da área da saúde, outra da educação, uma terceira para meio ambiente, e assim por diante. A partir do amplo conhecimento de sua área de atuação, cada uma dessas unidades poderia executar melhor o planejamento de suas ações, além de atuar de forma mais contundente no aprimoramento dos instrumentos de governança e na melhoria da gestão e do desempenho da administração pública. Dessa forma, entendi que poderíamos produzir e pôr à disposição da sociedade e do Congresso Nacional relatórios setoriais que permitiriam visão sistêmica dos problemas estruturantes em nosso país.

Assim, baseados em modelo de sucesso das secretarias especializadas em obras, as Secobs, e as especializadas em processos de privatização e de concessões de serviços públicos, as Sefids, projetamos um modelo em que todas as nossas secretarias passariam a focar sua atuação em temas específicos.

Vislumbramos que, com maior especialização, as unidades iriam adquirir melhores condições de avaliar o ambiente de governança em que estão inseridas, e então contribuir para a apresentação de propostas que concorreriam para o seu aprimoramento.

Levei o assunto a cada um dos ministros da Casa, em reuniões individualizadas, e recebi de todos o apoio necessário para implantação da medida. Considerava vital para o sucesso das medidas o apoio de todos os ministros do Tribunal. Por isso fiz questão de debater os pontos do planejamento com cada um deles, de quem tive excelente receptividade e apoio aos projetos que lhes apresentei.

Algumas dessas ideias que compunham o corpo de nosso projeto vinham sendo discutidas na gestão, como a especialização, por exemplo, sobre a qual participei do debate em 2007-2008, na gestão do ministro Walton Alencar Rodrigues, e que foi defendida em Plenário em várias oportunidades pelos ministros da Corte, entre eles Aroldo Cedraz e Raimundo Carreiro.

Com a posse na Presidência do Tribunal, pudemos promover as alterações normativas necessárias e demos concretude à proposta de criação das unidades técnicas especializadas, hoje uma realidade na atuação do Tribunal e uma conquista inarredável do controle externo de uma maneira geral.

Para alcançarmos nossos objetivos, identificamos que seria necessária uma evolução na estrutura da Secretaria-Geral de Controle Externo (Segecex), e para dar unicidade aos trabalhos produzidos e alinhar os planos estratégicos, táticos e operacionais, as Secretarias teriam coordenações na Segecex, suprindo, assim, carência identificada no plano estratégico do Tribunal.

Criamos 22 secretarias especializadas nos diversos temas sob jurisdição do Tribunal, correlacionadas às funções de governo – saúde, educação, meio ambiente, defesa nacional, etc. – e criamos, também, uma unidade específica para fiscalizar as contratações de bens e serviços de apoio logístico de todos os órgãos federais localizados em Brasília, a Secretaria de Controle Externo de Aquisições Logísticas (Selog). A criação dessa unidade busca aprimorar e acelerar o controle do TCU sobre esses gastos, permitindo, também, desonerar, ainda que parcialmente, as demais unidades especializadas para estas poderem dedicar mais tempo às políticas públicas e aos programas de governo específicos das suas áreas de atuação.

Com essas medidas, foi possível dotar o Congresso Nacional, titular primário do controle externo da administração pública, bem como suas Comissões Temáticas, dos meios necessários para uma avaliação global da atuação governamental. Ao mesmo tempo, estamos instrumentalizando a sociedade brasileira para que promova o controle social das ações governamentais.

No ano seguinte, 2014, após um processo de amplo diálogo com as unidades localizadas nos estados e realização de encontros regionais, revimos o modelo em relação a elas, especializando e regionalizando sua atuação. Criamos, para agrupá-las, quatro coordenações-gerais para facilitar o direcionamento e o monitoramento de suas atuações, quais sejam: Coordenação dos Serviços Essenciais ao Estado (Coestado); Coordenação da Área Social (Cosocial); Coordenação da Área de Desenvolvimento Nacional (Codesenvolvimento); e Coordenação da Área de Infraestrutura (Coinfra). O objetivo da criação dessas unidades foi fortalecer a coordenação das então 52 unidades técnicas que antes ficavam ligadas diretamente ao Secretário-Geral de Controle Externo.

A especialização de nossas equipes de auditores foi um sucesso completo, e por meio dela foi possível realizar auditorias mais profundas e produzir relatórios sistêmicos que indicaram os gargalos e desafios de cada setor. Pudemos, então, dar um passo adiante e passamos a realizar as auditorias coordenadas, objeto do próximo tópico.

As auditorias coordenadas

Auditorias coordenadas consistem em trabalhos de fiscalização realizados de forma conjunta com outras instituições de controle. Inicialmente com os tribunais de contas do Brasil, em seguida com as Entidades de Fiscalização Superior (EFS) dos países da América Latina, membros da OLACEFS, grupo regional da INTOSAI com 50 anos de existência e que pela primeira vez o Brasil teve a honra de presidir, no triênio 2013-2015.

Era uma aspiração que tinha comigo: aproximar os tribunais de contas dos estados ao TCU. A Carta de Campo Grande, assinada no final de 2012, foi o marco desta cooperação. Propus assinarmos um acordo em 2013 com a Associação dos Membros dos Tribunais de Contas – Atricon, à época presidida pelo conselheiro Antônio Joaquim, e o Instituto Rui Barbosa – IRB, então presidido pelo conselheiro Severiano Costandrade, dois atores de grande importância para essa conquista.

Da forma como estão sendo operacionalizadas, as auditorias coordenadas proporcionam o fortalecimento de todo o sistema de tribunais de contas no país e permitem a identificação de eventuais obstáculos que dificultam o oferecimento de serviços públicos de melhor qualidade, além de estarem em sintonia com a perspectiva de traçar um diagnóstico da atuação da administração pública nas áreas de maior impacto para a sociedade.

Sempre tivemos em mente, quando buscamos priorizar as auditorias coordenadas, que pudéssemos ter, por meio de nossos trabalhos, uma visão mais ampliada sobre os grandes temas de interesse da população brasileira, como educação, saúde, meio ambiente, entre tantos outros.

Referido trabalho também tem outro objetivo que é o desenvolvimento profissional das equipes participantes. Um plano de capacitação é traçado e tem como etapa final a realização da auditoria. Os auditores podem participar de cursos presenciais e à distância. Esse plano combina o fortalecimento de capacidades e conhecimentos, tanto em métodos e técnicas de auditoria, quanto sobre o tema ou setor a ser auditado.

Outros benefícios dessas parcerias são a obtenção de dados com substancial capilaridade, a possibilidade de troca de experiências para desenvolvimento do controle externo, a ampliação da divulgação sobre a importância da atuação dos tribunais de contas e a aproximação com os poderes Legislativo e Executivo.

No âmbito nacional, por exemplo, as auditorias coordenadas já permitem a elaboração de análises globais sobre a qualidade na execução de funções de governo, como saúde e educação, áreas cujos recursos se originam dos cofres federais, estaduais e municipais.

No contexto internacional, o trabalho conjunto auxilia na construção de uma agenda comum em prol da melhoria da gestão e do desempenho da administração pública em cada país. Além disso, colabora com o diálogo e a cooperação entre as entidades nacionais e internacionais de controle externo, enfocando setores fundamentais para a promoção do bom funcionamento das economias e para o desenvolvimento do bem-estar das sociedades.

O resultado final de uma auditoria coordenada pode gerar o retrato de uma política pública ou mesmo de um setor estratégico sob uma ótica regional, nacional ou internacional. A síntese dos diagnósticos consolidados em cada trabalho possibilita a comparação de desafios, riscos, oportunidades e melhores práticas.

Com o panorama nacional, e até internacional, que se pretende traçar sobre esses temas, o Tribunal tem condições de disponibilizar relatórios periódicos e sistematizados ao Congresso Nacional e à sociedade, instrumentalizando-os com ferramentas mais eficazes no controle institucional e social das contas públicas.

Juntamente com as instituições de controle externo da Argentina, Bolívia e Paraguai, fiscalizamos as ações de combate à febre aftosa e avaliamos, em outro trabalho de auditoria coordenada, a governança ambiental na Amazônia. No caso da febre aftosa, afirmei, na ocasião: "o surto de febre aftosa que ocorreu no Paraguai foi um exemplo de que os recursos liberados não foram aplicados corretamente, o que poderia ter prejudicado toda a região do Mercosul".

No ano de 2012, por ocasião do 3º Encontro dos Tribunais de Contas, realizado em Campo Grande, Mato Grosso do Sul, lançamos proposta para fiscalizarmos, em conjunto, a área de educação, tendo como objeto o ensino médio. Tal iniciativa decorreu de uma troca de ideias que tive com os Conselheiros Marisa Serrano e Valdir Neves, do Tribunal de Contas do Estado de Mato Grosso do Sul.

Lançamos, ali, como já antecipei, uma carta de cooperação conhecida como a "Carta de Campo Grande", na qual ficaram consignadas as diretrizes para o grande plano de fiscalização na educação que envolveu a participação de tribunais de 25 unidades da Federação. Uma ação efetivamente de âmbito nacional. Levamos a ideia ao então ministro da Educação, Aloizio Mercadante, que se mostrou bastante receptivo ao trabalho em projeto, e colocou o Ministério à disposição para o desenvolvimento da auditoria.

Os resultados desse trabalho foram auspiciosos. No ensino médio, identificamos que mais de 60 mil professores, do total de quase 400 mil, estão ausentes das salas de aula, e mais de 40 mil não possuem especialização em sua área de ensino. Esses e outros são exemplos de números que somente puderam ser obtidos graças ao esforço coordenado dos tribunais de contas do Brasil.

Esse modelo evolutivo foi posto à prova também no plano internacional. No ano de 2013, ao assumirmos, pela primeira vez na história do país, a presidência da OLACEFS, passamos a conduzir o relacionamento dos órgãos de controle externo de nossa região com os do resto do mundo, com participação em eventos técnicos, intercâmbio de informações e de boas práticas, realização de auditorias coordenadas em conjunto com proeminentes instituições.

Novos desafios continuaram a surgir, o que exigiu nossa atenção de modo permanente, mas surgiram também novas oportunidades no horizonte do controle, o que propiciou a produção de efeitos sinérgicos com todas as instituições envolvidas, com resultados positivos para os países, para as sociedades, para os cidadãos.

No princípio de 2013, vislumbramos um caráter de universalidade nessa iniciativa das auditorias coordenadas, para além das fronteiras da Região da América Latina, e levamos a ideia ao Banco Mundial, onde obtivemos franco apoio. Hoje, as auditorias coordenadas são uma realidade praticada no Brasil e na América Latina, no âmbito da OLACEFS.

Fizemos, por exemplo, auditoria coordenada nas unidades de conservação da Amazônia. Na primeira fase, com tribunais de contas de nove estados da região amazônica. Posteriormente, expandimos para os países da América Latina que conosco compartilham a floresta. Cobrimos uma área de 1,4 milhão de km² em Unidades de Conservação da Amazônia e no processo inteiro mais de 1.000 auditores dos tribunais envolvidos foram treinados, ampliando a capacitação dos parceiros.

Mencionei, à época, que era preciso "assegurar que as ações de combate ao desmatamento da Amazônia também aconteçam na Venezuela, Peru, Colômbia, Bolívia e em outros países limítrofes".

Os resultados surpreenderam e chamaram a atenção do mundo em matéria de construção de indicadores e obtenção de ferramentas para gerenciamento das áreas de preservação ambiental.

Como fruto do excelente trabalho, produzimos um mapa de indicadores, o INDIMAPA, que nos dá um retrato da governança do meio ambiente em boa parte do continente. Esse projeto se tornou universal. A nossa instituição internacional, a INTOSAI, que reúne 190 países, manifestou interesse em aplicar o estudo em todo o mundo, o que revela a contribuição do Brasil e do TCU na busca de solução para os graves problemas ambientais do planeta.

Fonte: Auditoria Coordenada em Áreas Protegidas – Tribunal de Contas da União.

Em busca de boas práticas de governança

Nesse diapasão, o passo seguinte seria a governança pública. Para alcançarmos esse objetivo, iniciamos em maio de 2013 um estudo, em parceria com a Organização para a Cooperação e Desenvolvimento Econômico (OCDE), instituição que reúne 34 países dentre os mais desenvolvidos, tem sede em Paris e goza de reputação internacional inquestionável em matéria de governança pública. O objetivo do estudo residia em aferir boas práticas de governança em doze países integrantes da Organização: Estados Unidos, França, Canadá, Chile, África do Sul, Coreia do Sul, Índia, México, Polônia e Portugal, além do próprio Brasil e da União Europeia.

O estudo contemplava sistemas de planejamento e orçamento público, administração financeira, controles internos, gestão de riscos, monitoramento e avaliação de políticas públicas e de prestação de contas.

Ainda no primeiro semestre de 2013, como presidente do TCU, mantive diversas reuniões com Yves Leterme, secretário-geral adjunto, Janos Bertok, chefe da *Public Sector Integrity Division*, e Mario Marcel, diretor adjunto de Governança Pública e Desenvolvimento da instituição. Definimos, naquele momento, as primeiras linhas do projeto, como a estrutura básica e os possíveis países a serem convidados para contribuírem com suas experiências na área.

Depois da visita à OCDE, estive com o presidente da Comissão Europeia, na época, meu colega José Manuel Durão Barroso, ex-primeiro ministro de Portugal, a fim de apresentar-lhe o projeto que contou com a participação de doze países, inclusive da União Europeia.

Finalmente, no dia 8 de outubro de 2013, foi assinado o acordo de cooperação entre o TCU e a OCDE no evento internacional "Governança Pública e Controle Externo", realizado no TCU, que contou com a presença de diversas autoridades, como o presidente do Congresso Nacional, a ministra-chefe da Casa Civil, governadores e parlamentares. Hoje, o projeto continua e se consolida, contando com a competência dos técnicos do Tribunal.

Essas iniciativas vieram ao encontro de ações adotadas no plano mundial pela INTOSAI. Durante o XXI Congresso da instituição, realizado em Pequim, em 2013, ficou acordado que a governança nacional é fundamental para manter estáveis o desenvolvimento econômico e o progresso social, a fim de melhorar a vida dos cidadãos. E a INTOSAI, juntamente com a União Inter Parlamentar (UIP), postulou junto à ONU a inclusão da governança entre os objetivos que fazem parte da Agenda de Desenvolvimento pós 2015.

A experiência com as auditorias coordenadas nos permitiu compreender que os resultados obtidos pelo Brasil com o estudo da OCDE não deveriam ficar restritos ao Tribunal e à administração pública brasileira. Poderiam ir além, ser expandidos para a América Latina, com o concurso da OLACEFS, e também para outros grupos regionais da INTOSAI, e mesmo para o sistema das Nações Unidas, uma vez que os objetivos de todas as organizações são convergentes. Afinal, apesar da distância geográfica e cultural que nos separa, nossas instituições se aproximam e se igualam na medida dos desafios que temos em comum: contribuir para o desenvolvimento econômico e social sustentável, em benefício dos cidadãos.

Nesse sentido, endereçamos correspondência aos Drs. Liu Jiayi e Josef Moser, da INTOSAI, e também ao secretário-geral das Nações Unidas, Mr. Ban Ki-Moon, externando nossa firme intenção de disseminar ao máximo os resultados do estudo da OCDE. Passamos a viajar, comparecendo às conferências dos grupos regionais da INTOSAI com o projeto "debaixo do braço". Nossos auditores estiveram, por exemplo: em Apia, Samoa, no 17º congresso da *Pacific Association of Supreme Audit Institutions* (PASAI); em Moscou, Rússia, na segunda conferência conjunta EUROSAI-ASOSAI; e fomos a Sharm El Sheikh, no Egito, na 13ª Assembleia Geral da AFROSAI.

No dia 4 de novembro de 2014, sediamos no Tribunal de Contas da União, no Brasil, evento internacional de lançamento do Referencial Analítico sobre Governança Pública, documento que organiza a discussão sobre o fortalecimento da capacidade governamental dos países estudados e que orienta os trabalhos da segunda fase do estudo da OCDE.

Os resultados finais do estudo foram divulgados em 2016, mas os primeiros produtos, inclusive o Referencial apresentado em novembro de 2014, foram compartilhados com a INTOSAI e seus grupos regionais – Organização de Entidades Fiscalizadoras Superiores Latino-americana e do Caribe (OLACEFS), da Europa – European Organisation of Supreme Audit Institutions (EUROSAI), árabe – Arab Organization of Supreme Audit Institutions (ARABOSAI), da África – African Organization of Supreme Audit Institutions (AFROSAI), do Caribe – Caribbean Organisation of Supreme Audit Institutions (CAROSAI), do Pacífico – Pacific Association of Supreme Audit Institutions – (PASAI) e da Ásia – Asian Organization of Supreme Audit Institutions (ASOSAI) – além de enviados à Organização das Instituições de Controle da Comunidade dos Países de Língua Portuguesa (CPLP) e à ONU.

Com vistas a dar início a uma ampla discussão sobre essas práticas nas organizações públicas nos âmbitos federal, estadual e municipal, fizemos a publicação dos referenciais de governança e sua distribuição a mais de 5 mil municípios brasileiros, em todos os estados e nos órgãos dos três poderes no âmbito federal.

No plano internacional, fizemos palestras na Rússia, na Coreia, no Egito e nos Estados Unidos – onde surgiu a ideia da criação do

Índice Geral de Governança (IGG), do qual falaremos mais adiante – e em diversos outros países da América Latina e do Caribe. As três palavras-chaves passaram a ser: liderança; estratégia e controle.

Nessa linha da governança pública, reunimos em Brasília, no dia 17 de novembro de 2014, o então presidente da República em exercício, Michel Temer, e quase todos os governadores eleitos naquele pleito para, em seminário intitulado "Pacto pela Governança: um retrato do Brasil", receberem, dos Tribunais de Contas dos Estados, das Confederações e de outras entidades representativas da sociedade um diagnóstico do país, um retrato da nação, uma lista dos principais problemas a serem enfrentados para o alcance do pleno desenvolvimento. Nessa ocasião realizamos uma grande discussão, um diálogo interinstitucional federativo com foco no aperfeiçoamento da administração pública e no desenvolvimento integrado da nação, sempre em benefício da sociedade.

O passo seguinte nessa caminhada pela governança será dado em 2017, no sentido de atuar junto aos prefeitos para tratar dos mesmos temas, a exemplo do que já fizemos em 2014 com os governadores.

Nosso propósito é o de expandir ao máximo a cooperação com outras organizações, a fim de aumentar o diálogo interinstitucional e impulsionar ainda mais o potencial das EFS de oferecer os melhores serviços possíveis em seus respectivos países.

Busco sempre, com tais iniciativas e projetos, traçar um diagnóstico do País, produzir um retrato da nação que nos revele os principais problemas e entraves ao pleno desenvolvimento, procurando, também, respostas à questão crucial de não haver a entrega de um bom produto à sociedade.

Da árvore para a floresta

Além da atuação nessas questões específicas, cabe relembrar outros momentos de nossa atuação cotidiana no cargo de ministro do Tribunal de Contas da União. Compus a Primeira Câmara, presidi a Segunda a partir de janeiro de 2011, fui vice-presidente e corregedor do Tribunal e supervisor do Conselho Editorial da Revista do TCU no biênio 2011-2012.

Coordenei diversos seminários e eventos realizados na Casa, com destaque para o Seminário Megaeventos Esportivos e a XXII Assembleia Geral Ordinária da OLACEFS, que realizamos em Gramado, no Rio Grande do Sul, de 5 a 9 de novembro de 2012.

Compareci, já como presidente da OLACEFS, à XXIII Assembleia Geral da Organização, realizada na cidade de Santiago, Chile, em novembro de 2013. Durante o evento, lancei a semente que vimos germinar na reunião seguinte, a XXIV Assembleia Geral da organização, realizada entre os dias 24 a 28 novembro de 2014, em Cusco, no Peru. Ali lançamos a Rede Latino-americana e do Caribe de Combate à Corrupção (RLACC), ideia que formatamos no Tribunal de Contas da União e que tem recebido o apoio quase unânime das Entidades de Fiscalização Superior integrantes da OLACEFS.

O objetivo da rede é unir esforços e congregar as diversas redes de instituições públicas que têm como interesse comum a luta contra a corrupção na região. Pretendemos com essa rede fortalecer os mecanismos de interlocução, coordenação e divulgação de ações.

Outro ponto alto da atuação do Tribunal no biênio em que estive à frente da Presidência foram os encontros promovidos com o Congresso Nacional, com a sociedade civil, com diversos veículos de comunicação e com gestores de todos os poderes e esferas de governo, por meio de audiências públicas e da reativação dos Diálogos Públicos. Foram visitados praticamente todos os estados da Federação e reunidos, nesses encontros, mais de 40 mil gestores públicos.

Também considero como uma grande inovação deste período os Relatórios Sistêmicos (Fisc), cujo objetivo central é apresentar um retrato panorâmico de temas relevantes para o país. Doravante, esses relatórios serão disponibilizados todos os anos, prestando-se como instrumentos de comunicação não apenas com o Congresso Nacional, mas também com gestores da política pública, demais órgãos governamentais de controle e sociedade civil.

Destaco, ainda, a criação do "Painel de Controle", instrumento de fiscalização dos recursos públicos transferidos aos entes da Federação, e vários outros produtos da área de Tecnologia da Informação produzidos no biênio 2013-2014, bem como as inovações e melhorias promovidas no âmbito das secretarias-gerais do

Tribunal. Foram inúmeros projetos de capacitação dos servidores da Casa e de outras instituições brasileiras e estrangeiras. Os novos projetos na área de pessoal, somados a tantos outros das gestões anteriores, conferiram os requisitos necessários para que o TCU fosse eleito, em 2014, a melhor instituição pública para se trabalhar, título concedido pela 18ª edição do Guia Você S/A.

Com todas essas atuações e realizações, foi nossa intenção contribuir para que se ampliasse o processo de análise do Tribunal, deixando de ver apenas "a árvore", e passando a enxergar "a floresta". Creio que deixamos um legado positivo de nossa gestão. O presidente que me sucedeu, ministro Aroldo Cedraz, declarou, na apresentação de livro contendo registros de minha gestão no biênio 2013-2014: "Havendo-lhe sucedido, sou testemunha da forma dinâmica e competente com que ele exerceu a presidência e do legado por ele aqui deixado".

Quando deixei a Presidência do Tribunal, no início de 2015, e fui relatar as Contas da presidente da República relativas ao ano de 2014, outro não foi o nosso propósito. Agi, naquela oportunidade, com o mesmo espírito que me movia desde o ingresso na Corte, em 2005.

No voto que produzi, cujos detalhes menciono no capítulo a seguir, minha intenção foi, do mesmo modo, contribuir com o Brasil. De posse de dados alarmantes, por exemplo, sobre previdência, pretendi, com o parecer técnico, alertar o governo e evitar que acontecesse o que vemos acontecer em estados como o meu Rio Grande do Sul, ou o Rio de Janeiro e também o Distrito Federal.

Houve recomendação unânime do Tribunal – amplamente respaldada em manifestações técnicas, em dados e provas objetivas constantes do processo – para que o Congresso Nacional, detentor da competência constitucional, rejeitasse as Contas do governo em função das impropriedades mencionadas com detalhes em meu voto, mas principalmente em razão dos reiterados descumprimentos à Lei de Responsabilidade Fiscal. Esse é o assunto de nosso próximo capítulo.

CAPÍTULO 2

AS CONTAS DE GOVERNO

Histórico e evolução do processo de contas de governo no TCU

De todas as competências constitucionais atribuídas ao Tribunal de Contas da União pelos constituintes de 1988, a mais nobre, complexa e abrangente, sem dúvida, consiste em apreciar e emitir parecer prévio conclusivo sobre as contas prestadas anualmente pelo presidente da República (art. 71, inciso I, da Constituição). Esse documento serve de subsídio técnico ao Congresso Nacional, como titular do controle externo, no julgamento das contas do governo da República.

Segundo o art. 36 da Lei nº 8.443/1992 (Lei Orgânica do TCU), as referidas contas são compostas pelo Balanço Geral da União (BGU) e pelo relatório sobre a execução dos orçamentos da União.

A competência genuína à qual me refiro remonta a tempos longínquos e acompanha a própria evolução histórica do TCU.

Este órgão foi criado em 1890, sob inspiração de Ruy Barbosa, inserido na ordem constitucional em 1891, na primeira Carta da República, e instalado em 1893 graças ao empenho do então ministro da Fazenda Inocêncio Serzedello Corrêa.

A mesma Constituição de 1891 inaugurou, entre as competências do Congresso Nacional, a de tomador das contas da receita e da despesa de cada exercício financeiro. Até o ano de 1910, todavia, não houve tomada de contas. O Tribunal, com base em seus próprios registros, avaliava a administração financeira do Estado no exercício findo e a enviava ao Congresso.

No ano de 1911, o Decreto nº 2.511 – a denominada "Lei Antônio Carlos" – estabeleceu obrigatoriedade de apresentação das Contas do Governo ao Congresso Nacional. A mesma norma atribuiu ao TCU competência para emitir parecer, critério cuja validade ecoou já nas contas do exercício de 1910.

O dispositivo de lei ordinária não passou de letra morta por longos vinte e três anos, até ser alçado à ordem constitucional com sua inserção no corpo da Constituição promulgada em 1934. Esta Carta Maior confiou ao TCU competência para emissão de parecer prévio, no prazo de trinta dias, sobre as contas prestadas pelo presidente da República, para posterior envio ao Congresso Nacional.

As contas do exercício de 1934, apreciadas em sessão realizada em 30 de abril de 1935, foram as primeiras a serem efetivamente examinadas mediante designação formal de ministro-relator – e não mais como atribuição do ministro-presidente – e encaminhadas ao Congresso Nacional sob aquela nova diretriz constitucional. Desde então, o Tribunal tem ininterruptamente desempenhado essa competência, sempre preservada nas Constituições que se sucederam.

Não receio dizer que o nosso processo interno de aprendizagem e aperfeiçoamento tem sido contínuo. É preciso conferir a devida importância às contas de governo, uma vez que se trata do principal instrumento da Presidência da República a serviço da transparência e da prestação de contas à sociedade brasileira.

Um exemplo que sempre cito em eventos de que participo são as parcerias recentes do TCU com organismos internacionais, como o Banco Mundial, a OCDE e a INTOSAI.

O ministro Benjamin Zymler, quando na Presidência da Corte, ao publicar os resultados da "Revisão de Pares para as Contas de Governo", realizado em conjunto com a OCDE, destacou que hoje estamos mais aderentes às melhores práticas internacionais em nossa atribuição de fornecer informações independentes sobre a implementação das políticas públicas e o funcionamento da máquina governamental, tarefas empreendidas sob a luz dos preceitos constitucionais e legais, garantidores da boa governança.

Por conta dessa aproximação com a OCDE, vieram à tona outros projetos de fortalecimento do processo de Contas de Governo, com foco em melhorias no conteúdo do parecer prévio, na análise dos indicadores e das metas de desempenho das políticas públicas e na escolha de fiscalizações sobre o conjunto das informações financeiras e não financeiras à disposição do TCU.

Por sua vez, a parceria com o Banco Mundial resultou no financiamento de projetos voltados ao fortalecimento da auditoria financeira,[2] segundo diretrizes estabelecidas pela INTOSAI. Traçou-se, por essa via, um plano de ação para que o TCU passe a adotar integralmente os padrões internacionais sobre as demonstrações financeiras dos entes governamentais.

Com esse objetivo em mente, em maio de 2013, estive nas sedes da Corte de Contas da França (*Cour des Comptes*) e do Comitê de Governança da OCDE, ambos sediados em Paris. No encontro com a Corte Francesa, buscamos conhecer a sua experiência em auditoria financeira e de que modo os resultados desse tipo de fiscalização podem impactar a opinião sobre a avaliação das ações de governo. Colhemos, dessa forma, importantes subsídios nessa área a fim de fomentarmos os nossos futuros trabalhos. Na OCDE, a visita objetivou basicamente o levantamento de boas práticas de governança pública.

Como se pode perceber, a transparência das contas governamentais e a qualidade da prestação de contas tornam-se, cada vez mais, peças fundamentais da governança e da governabilidade, a exigir rigor técnico crescente por parte dos tribunais de contas nas análises que servem de subsídio à emissão do parecer prévio.

Assim penso, e essa ideia ganha força especial neste momento em que a confiança nas instituições públicas segue abalada e a sociedade civil participa ativamente das grandes decisões nacionais; logo, ascende-se, como nunca, o interesse social pelo trabalho do TCU sobre as contas de governo.

Este novo modelo, portanto, está em franca operação em nosso Tribunal, embora careça de melhorias pontuais, haja vista o contínuo processo de aperfeiçoamento sobre o qual comentei anteriormente.

É conveniente esclarecer um ponto nesta discussão: o TCU emite parecer prévio apenas sobre as contas prestadas pela presi-

---

[2] Auditoria financeira – Trata-se de um dos três tipos principais de auditoria governamental previstos nas normas da *Intosai*, cujo objetivo é aumentar o nível de confiança dos usuários de informações financeiras de entes governamentais, por meio da certificação da qualidade das contas públicas.

dente da República, pois as contas atinentes aos Poderes Legislativo e Judiciário e ao Ministério Público não são objeto de pareceres prévios individuais, mas efetivamente julgadas por esta Corte de Contas.[3] Nada obstante, o Relatório sobre as Contas do Governo da República contempla informações sobre os demais Poderes e o Ministério Público, compondo, assim, um panorama abrangente da administração pública federal.

Os primeiros alertas sobre irregularidades na gestão fiscal a cargo do governo federal

As contas de governo relativas ao exercício de 2012 foram apreciadas em processo relatado pelo ministro José Jorge.[4] Naquela oportunidade, o TCU apontou que o superávit primário de R$85 bilhões, auferido naquele ano, – ainda inferior à meta de R$97 bilhões – contara com R$22 bilhões a título de receitas extraordinárias.

A maioria dessas receitas foi viabilizada por atos normativos editados no "apagar das luzes", em dezembro de 2012. Isso permitiu ao governo realizar operações complexas e atípicas, envolvendo o Tesouro Nacional, o Fundo Soberano do Brasil, a Caixa Econômica Federal e o BNDES, que possibilitaram um resultado fiscal dissociado da realidade, tais como: transações de aumento de capital; aquisições de ações; concessões de empréstimos a empresas estatais; resgates de títulos da dívida pública; e antecipações de dividendos.

O trecho a seguir, extraído do voto do ministro José Jorge, denota com precisão o fato:

> (...)
> Diante de tal situação, não posso deixar de ressaltar que o histórico recente de mudanças metodológicas e transações atípicas tem comprometido, senão fulminado, a utilidade do resultado primário como

---

3 Esse entendimento está em consonância com a decisão do Supremo Tribunal Federal, publicada no Diário da Justiça de 21.08.2007, ao deferir medida cautelar no âmbito da Ação Direta de Inconstitucionalidade (ADI) nº 2.238-5/DF.

4 Acórdão nº 1.274/2013-TCU-Plenário (TC nº 006.617/2013-1: Apreciação conclusiva sobre as Contas do Governo da República referentes ao exercício de 2012, sob a responsabilidade da Excelentíssima Senhora Presidente da República Dilma Vana Rousseff; Rel. Ministro José Jorge; Data da Sessão: 29.05.2013).

indicador oficial básico da situação econômico-financeira do governo. Os números divulgados cada vez menos representam uma real economia de recursos para pagamento dos juros da dívida pública. E o cumprimento da meta vem se reduzindo a mera formalidade.
Nesse sentido, a perda de credibilidade da política fiscal é a mais evidente das consequências, e os seus efeitos negativos sobre a confiança e as expectativas dos agentes econômicos são bem conhecidos por este País.
(...)

No mesmo tom, durante a sua fala, o relator foi enfático ao asseverar que o cenário avaliado espelhava o risco de uma "argentinização" dos dados públicos oficiais, em alusão ao que acontecera na Argentina acerca dos medidores inflacionários. Na opinião do relator, a situação poderia induzir uma mudança de comportamento por parte dos agentes públicos e privados, que progressivamente deixariam de confiar nos números apresentados pelo governo. Em contrapartida, cada agente de mercado passaria a operar segundo as suas próprias previsões e em detrimento da credibilidade da política fiscal.

Naquele ano, diante dos indicativos de "maquiagem" do resultado das contas públicas, o TCU optou por emitir recomendação à Secretaria do Tesouro Nacional (STN), na qualidade de órgão central do Sistema de Administração Financeira Federal. Pela medida, a STN deveria apurar, discriminar e evidenciar o efeito fiscal decorrente das receitas extraordinárias, com vistas a minimizar a assimetria de informação entre a sociedade, os órgãos de controle e o governo federal.

As práticas observadas em 2012, inseridas na chamada "contabilidade criativa", tomariam corpo no Poder Executivo a partir de então, ainda que sob diferentes roupagens, e assim se fariam presentes – com muito mais intensidade – nas contas de 2013 e 2014. O governo passaria a negligenciar de forma acentuada os pressupostos do planejamento e da transparência na gestão fiscal, previstos na Lei de Responsabilidade Fiscal (LRF), conforme se verá adiante.

Nas contas de 2013, relatadas pelo ministro Raimundo Carreiro,[5] o TCU verificou dezesseis distorções na contabilização de

[5] Acórdão nº 1.338/2014-TCU-Plenário (TC nº 005.956/2014-5: Apreciação conclusiva sobre as Contas do Governo da República referentes ao exercício de 2013, sob a responsabilidade

ativos e passivos no Balanço Geral da União (BGU), que superaram a casa dos R$2 trilhões. Especialmente, compuseram esse montante despesas futuras com os regimes da previdência social, militares inativos e pensões militares, não evidenciadas nas demonstrações contábeis e estimadas em R$1,1 trilhão.

Diante da relevância dos achados, estando na Presidência do TCU, recebi uma ligação do ministro Raimundo Carreiro dando-me notícia, em primeira mão, da existência de sérios problemas nas Contas do Governo, as quais, de plano, indicavam a possibilidade de emissão de parecer adverso.

Estávamos às vésperas da sessão de apreciação. Imediatamente, telefonei para a Casa Civil e conversei com o ministro Aloizio Mercadante. Repassei-lhe a nossa preocupação em virtude das conclusões preliminares a que chegara a área técnica do Tribunal. Ele se mostrou aberto e disposto a encontrar uma solução conjunta para o caso. Foi quando conseguimos viabilizar, poucos dias depois, uma audiência da qual participaram o ministro Raimundo Carreiro e sua assessoria, representantes da Secretaria-Geral de Controle Externo (Segecex) e da Secretaria de Macroavaliação Governamental (Semag), ambas unidades do TCU, e o ministro da Fazenda Guido Mantega e sua equipe. Não pude participar do encontro porque estava em outro estado, em missão institucional.

Das discussões promovidas na presença do ministro Mantega, as partes acertaram que as falhas atinentes à omissão na contabilização de passivos da União seriam tratadas em processo apartado, com o compromisso do governo de corrigi-las até o final de 2014.

Chegou-se a um acordo. Ao final, ante a materialidade e os efeitos generalizados das ocorrências apuradas em 2013, a Corte de Contas alertou – prerrogativa disciplinada pela LRF (art. 59, §1º, inciso V) – o Poder Executivo de que poderia emitir opinião adversa sobre o BGU, quando do parecer prévio sobre as Contas de 2014, caso as recomendações expedidas não fossem implementadas.

Como vimos, em 2013 e 2014 – anos nos quais estive na Presidência do TCU –, procuramos alertar o Poder Executivo das irregularidades que havíamos constatado nas contas relativas a 2012

---

da Excelentíssima Senhora Presidente da República Dilma Vana Rousseff; Rel. Ministro Raimundo Carreiro; Data da Sessão: 28.05.2014).

e 2013, respectivamente. Desse modo, pensávamos que as falhas apontadas naqueles anos – especialmente as de 2012 ("maquiagem" do resultado fiscal) – pudessem ser recebidas com mais seriedade, a incentivar mudanças comportamentais por parte do governo em prol do respeito aos pressupostos do planejamento e da transparência na gestão fiscal, previstos na LRF. Infelizmente, isso não ocorreu; pior, o cenário se agravou de forma significativa.

Os exemplos dos anos passados mostram que esta Corte sempre procurou agir assim, de boa-fé, de modo pedagógico e proativo. As suas análises sobre os elementos das prestações de contas governamentais foram – e são – estritamente técnicas, sem se descurar, por certo, dos preceitos legais e constitucionais, afetos às finanças públicas, de observância obrigatória pelos Poderes da República.

Como veremos adiante, não seria possível adotar a mesma postura no tocante às Contas de 2014. Diferentemente dos acontecimentos de 2013, nos quais as falhas constatadas pelo TCU, apesar de materialmente importantes, foram pontuais e disseram respeito a distorções nas informações patrimoniais, as ocorrências de 2014 afrontaram diretamente as normas de direito financeiro, especialmente os princípios da LRF atentos à gestão fiscal responsável e outros princípios constitucionais. Formaram, assim, um conjunto sistêmico de graves ilícitos atentatórios contra as finanças públicas, com reflexos imediatos na condução da política fiscal e na Dívida Líquida do Setor Público (DLSP), com o agravante de terem ocorrido em ano eleitoral.

Alertas no final de 2014: término de minha gestão na Presidência do TCU

Chegava o final de 2014. Naquele momento, havia um sentimento generalizado na sociedade de que a economia brasileira não ia bem. Os indicadores econômicos davam sinais de enorme preocupação. Antes mesmo que pudesse me debruçar sobre os números oficiais da União relativos a 2014 – o que viria a acontecer já no início de 2015 –, constatei que o nível de endividamento e de gastos públicos do governo federal havia desbordado de quaisquer padrões de razoabilidade.

Por outro lado, apesar de ter havido aumento de receitas, sustentado pela elevada carga tributária do país, o crescimento desenfreado das despesas públicas, aliado a uma gestão fiscal temerária, conduziriam as contas públicas a uma verdadeira derrocada. Adiantando o que abordarei com mais detalhes a seguir, o déficit primário da União alcançaria, em 2014, o expressivo patamar de R$22,5 bilhões.

Havia acabado de escrever, em conjunto com meus assessores Cláudio Sarian e Luis Afonso Gomes Vieira, o livro *Governança Pública*: o desafio do Brasil, o que me permitiu perceber os gargalos da nação, seus principais problemas, e indicar caminhos para superá-los no médio e longo prazo. Isso só foi possível porque passei a ter contato direto com informações e números oficiais afetos às políticas e finanças públicas.

Somente o déficit da previdência alcançaria, naquele ano, o patamar de R$120 bilhões. Em 2015, chegaria a R$157 bilhões. Nesta inquietante escalada, a previsão da lei orçamentária, para 2016, situava-se em R$195 bilhões.

Para se ter ideia, de todo o orçamento federal executado em 2014, excluídos os gastos devidos a encargos especiais (refinanciamento, transferências, juros e encargos, entre outros), o que totalizou aproximadamente R$1,1 trilhão, R$488 bilhões (44%) foram utilizados em despesas com o sistema previdenciário. Em outras palavras, os números mostram que praticamente a metade dos gastos associados a bens ou serviços é utilizada em pagamentos de benefícios previdenciários, denotando, a toda evidência, o elevado nível de comprometimento das finanças federais com esse tipo de despesa.

Tempos ainda mais difíceis estariam por vir. Baixo crescimento, alta inflacionária, elevado custo da dívida pública, aumento de despesas, baixo nível de investimentos e déficit fiscal. Todos esses fatores, como se sabe, retroalimentam o mercado de forma bastante negativa, carreando-lhe expectativas desfavoráveis e contribuindo para aumento do grau de incertezas, elevação dos juros e do custo da dívida, redução de investimentos e diminuição da competitividade nacional.

O cenário econômico era bastante desanimador. Passei diversas noites maldormidas preocupado com o futuro do país, até por saber que assumiria a relatoria do processo de contas relativo a 2014.

Trazia comigo o exemplo do meu estado, o Rio Grande do Sul, que sequer conseguia honrar pagamentos com despesas de pessoal, em prejuízo aos seus milhares de servidores. Da mesma forma, ocorriam-me os exemplos da Espanha, da Grécia e de Portugal, países cujos governos não tomaram as devidas cautelas para evitar um quadro generalizado de quase "falência fiscal".

Essa conjuntura coincidiu com o término de minha gestão à frente da presidência do TCU. No dia 10.12.2014, no plenário da Casa, durante o meu discurso de encerramento na cerimônia de posse de meu sucessor, ministro Aroldo Cedraz, tive a oportunidade de direcionar alertas específicos à presidente Dilma Rousseff sobre o que considerava – e até hoje considero – as prioridades da nação.

Na ocasião, que também contou com a presença dos demais chefes dos Poderes da República, destaquei a enorme dificuldade de coordenação dos diversos setores da máquina pública sem o estabelecimento de um pacto geral pela governança e, além disso, o pacto político e pacto federativo.

Essa batalha já se iniciou, permito-me dizer. Com o apoio do TCU, realizamos, no final de 2014, um evento de âmbito nacional, como mencionei no capítulo anterior, que contou com a participação do então presidente da República em exercício, Michel Temer, do então ministro da Casa Civil, Aloizio Mercadante, e vinte e dois governadores.[6] Destacando o resultado de auditorias coordenadas nas áreas da educação, saúde, infraestrutura e segurança, pudemos expor os gargalos que "ancoram" o país no "fundo", e o impedem de se desenvolver de modo equitativo, eficiente e sustentado.

Pude expor ainda aos presentes, em especial ao presidente Temer, a minha preocupação com a Previdência Social e a necessidade de promovermos uma ampla reforma para garantia do equilíbrio do sistema e manutenção dos benefícios de maneira responsável e igualitária no futuro.

Enfim, salientei ao presidente que o momento carecia de uma conciliação geral da nação, por intermédio dos poderes republicanos.

[6] O evento "Pacto pela Boa Governança: Um Retrato do Brasil" foi realizado no mês de novembro de 2014, no Museu Nacional Honestino Guimarães (Museu Nacional de Brasília), e teve como propósito principal entregar à Presidente da República e a todos os Governadores eleitos documento contendo diagnóstico sobre importantes temas do País, como saúde, educação, previdência social, segurança pública e infraestrutura.

Para tanto, três pactos (político, federativo e governança) deveriam compor os pilares desta grande obra institucional: o pacto da boa governança – que julgava estar em andamento com o Poder Executivo; o pacto federativo, a viabilizar ampla discussão da reforma tributária e os papéis dos estados e dos municípios na distribuição da arrecadação e de outras receitas; e um pacto político, a permitir governabilidade com responsabilidade.

Durante o início de 2015, testemunhei, pelas inúmeras reuniões junto a representantes do governo, o esforço empreendido pela instituição na melhoria da governança pública, ferramenta sem a qual mesmo qualquer boa intenção administrativa se torna vã.

Dialoguei com a Casa Civil, alertando a respeito dos pontos de desequilíbrio que existiam, com destaque para os do setor de concessões públicas. Participei de mais de cinquenta reuniões com representantes de diversos segmentos governamentais. Esses encontros também me permitiram antever os obstáculos existentes na condução estatal.

A complexidade da máquina pública requer avaliação, direção e monitoramento – elementos da boa governança estatal – a fim de que passos seguros sejam tomados pelos condutores das políticas públicas e, por consequência, recursos orçamentários e financeiros sejam aplicados de forma regular em benefício da população.

Empenhei-me por acelerar o julgamento de processos de interesse do governo no TCU, ciente de que o retardo temporal poderia dificultar ou mesmo inviabilizar licitações importantes aos interesses nacionais.

As contas de governo relativas ao exercício de 2014

Decisão preliminar: contraditório da presidente da República

O ano de 2015 começava e a situação econômica e fiscal do Brasil mantinha-se em crescente deterioração.

Agora, de posse da documentação integral que compunha a prestação de contas da presidente da República relativa ao exercício de 2014, era capaz de me inteirar dos dados e indicadores oficiais da União.

Em meu gabinete, participava de inúmeras reuniões em conjunto com meus assessores e alguns auditores federais de controle externo lotados na Semag. Um dos trabalhos dessa unidade compreende o exame dos documentos que compõem a prestação de contas do presidente da República e a confecção do relatório final que serve de subsídio ao parecer do relator, para posterior submissão à deliberação do Plenário.

Enquanto isso, em abril de 2015, o TCU apreciava o processo que seria o indutor das irregularidades evidenciadas nas Contas de Governo de 2014[7] sob uma ótica consolidadora: o berço da alcunha "pedaladas fiscais". Aquela fiscalização demonstrou que a União, de 2009 a 2014, ao atrasar de maneira acentuada os repasses de recursos financeiros aos bancos estatais, para aporte em despesas com programas sociais, realizava disfarçadamente operações de crédito vedadas pela LRF, com o agravante de terem sido realizadas em ano eleitoral – outra proibição da lei.

A primeira deliberação do TCU sobre as Contas de Governo do exercício de 2014 aconteceria em junho de 2015, segundo abordarei no decorrer deste capítulo. Desse modo, havia tempo para que as mencionadas irregularidades, constatadas no processo das "pedaladas fiscais", fossem carreadas àquele processo sobre as contas de governo. Com isso, o juízo final sobre o parecer prévio não ignoraria as pesadas ocorrências advindas daquele julgamento emblemático conduzido pelo ministro José Múcio Monteiro.

Outros achados correlatos ao primeiro processo indicavam que dívidas e despesas primárias da União não eram registradas nas estatísticas fiscais, além da execução de despesas sem dotação orçamentária, no caso do pagamento de dívidas junto ao FGTS no âmbito do Programa Minha Casa Minha Vida.

Esse quadro de graves irregularidades justificou a expedição pelo TCU de determinações corretivas aos órgãos e entidades da administração pública federal.

[7] Acórdão nº 825/2015-TCU-Plenário (TC nº 021.643/2014-8: representação formulada pelo Ministério Público junto ao TCU, na pessoa do Procurador Júlio Marcelo de Oliveira, acerca de indícios de irregularidades na constituição de passivos da União junto a bancos oficiais e outros credores; Rel. Ministro José Múcio Monteiro; Data da Sessão: 15.04.2015).

Passada a votação desse paradigmático processo, continuávamos a analisar, diariamente, os elementos técnicos com os quais éramos constantemente municiados pela nossa equipe de auditores. Decidimos acompanhar cada vez mais de perto os resultados das análises realizadas pela Semag, revisadas pela minha assessoria.

A primeira versão do relatório, no qual se desenhavam as graves irregularidades que levariam esta Corte a emitir parecer adverso sobre as contas da presidente da República, foi elaborada com o auxílio de mais de cinquenta auditores daquela unidade especializada.

Naquele instante, assustei-me com o que vi. Não me parecia crível que as finanças públicas tivessem sido negligenciadas daquela forma em 2014, diferentemente de tudo o que se conhecia até então. Desde o início, sabia que o caminho seria árduo e desgastante, visto que normas e princípios legais e constitucionais haviam sido reiteradamente inobservados.

O Tribunal, até então, apenas por uma única vez em toda a sua história havia emitido parecer prévio adverso sobre as contas governamentais,[8] como assinalei no texto de apresentação desta obra.

Alguma providência, ainda que preliminar, precisava ser tomada diante daquela preocupante situação. Indagávamos sobre o que fazer. Propus uma reunião com os ministros da Casa, apesar de como relator ter autonomia para decidir, achei que deveria ouvir a todos, adiantei a minha posição que se amparava no trabalho técnico e surgiu a ideia de promovermos a oitiva da presidente da República sobre os fatos apontados no relatório inicial produzido pela Semag.

É preciso ressaltar que a função da Corte de Contas é emitir parecer prévio como forma de subsidiar o julgamento das contas de governo pelo Congresso Nacional, como já mencionado. Não se trata de um processo tradicional de contas ordinárias, a requerer dialética ampla e irrestrita tendo em vista possibilidade de gravame direto à parte atingida com eventual decisão do TCU desfavorável à sua esfera subjetiva de direitos. Mesmo assim,

---

[8] As contas do exercício de 1935 (durante a "Era Vargas") receberam parecer contrário à aprovação, em processo sob a relatoria do Ministro Francisco Thompson Flores. Em seguida, a Câmara dos Deputados declarou-as aprovadas.

prevaleceu o respeito às garantias constitucionais do contraditório e da ampla defesa.[9]

Seguindo essa orientação, em 17.06.2015 aprovamos o envio do relatório preliminar à consideração da presidente da República, para fins de contradita e apresentação de sua defesa.[10] Afora os achados concernentes aos dados disponíveis no BGU (passivos ocultos, ativos e passivos subavaliados, ativos superavaliados, etc.), no tocante à avaliação da execução orçamentário-financeira foram estas, em síntese, as principais irregularidades apuradas pelo nosso corpo técnico:

I Omissão de registros de passivos da União na Dívida Líquida do Setor Público – DLSP.

II Operações de crédito com inobservância da LRF.

III Ausência do Rol de Prioridades e Metas da Administração Pública Federal no Projeto de LDO, descumprindo o §2º do artigo 165 da CF.

IV Execução de Despesa sem suficiente Dotação no Orçamento de Investimento, em desacordo com inciso II do artigo 167 da CF.

V Execução de Despesa sem Autorização Orçamentária no Programa Minha Casa Minha Vida: pagamento da dívida contratual junto ao FGTS.

VI Não Emissão do Decreto de Contingenciamento de Despesas Discricionárias no montante de necessário para cumprir a Meta de Resultado Primário vigente (R$28,5 bilhões).

VII Utilização da Execução Orçamentária de 2014 para influir na Apreciação Legislativa do Projeto de Lei nº 36/2014 (via artigo 4º do Decreto nº 8.367/2014).

---

[9] Amparamo-nos em decisão monocrática proferida pelo Ministro Celso de Mello ao apreciar situação semelhante em que o Tribunal de Contas do Estado de Pernambuco, sem a instauração do contraditório, intentou emitir parecer prévio pela não aprovação das contas prestadas pelo então governador Miguel Arraes. (SS nº 1197 PE, sessão de 15.09.1997).

[10] Acórdão nº 1.464/2015-TCU-Plenário (TC nº 005.335/2015-9: Decisão preliminar pela qual o TCU comunicou ao Congresso Nacional que as Contas de Governo do exercício de 2014 não estavam em condições de serem apreciadas naquele momento em virtude de indícios de irregularidades, os quais motivaram a abertura de prazo para apresentação de contrarrazões por parte da Presidente da República; Rel. Ministro Augusto Nardes; Data da Sessão: 17.06.2015).

VIII Inscrição Irregular de Restos a Pagar de R$1,37 bilhão (despesas do Programa Minha Casa Minha Vida).

IX Omissão de Transações Primárias Deficitárias da União nas Estatísticas dos Resultados Fiscais (cerca de R$7,11 bilhões).

O memorial de autoria do procurador Júlio Marcelo de Oliveira (MPTCU) e a oitiva complementar da presidente da República

Um pouco antes daquele julgamento preliminar, um episódio restou mal esclarecido na ocasião. Aproveito este relato histórico para dirimir dúvidas e afastar versões equivocadas sobre o fato.

Dois dias antes (em 15.06.2015) daquela primeira sessão, o procurador Júlio Marcelo de Oliveira, membro do Ministério Público junto ao TCU (MPTCU), entregou a mim e aos demais ministros memorial no qual relatara, além das irregularidades que compuseram o relatório preliminar da Semag, outras ocorrências, resumidas da seguinte forma: a) edição de Decreto de Programação Orçamentária e Financeira ignorando-se as previsões do Ministério do Trabalho e Emprego que denotavam ao aumento de despesas primárias obrigatórias e redução de receitas oriundas do Fundo de Amparo ao Trabalhador (FAT); e b) abertura de créditos suplementares incompatíveis com a obtenção da meta de resultado primário então vigente.

Determinei, em 10.07.2015, que as irregularidades apontadas pelo procurador fossem previamente submetidas à Semag para análise. Na ocasião, incluí a essa providência fato apontado pelo ministro-substituto André Luís de Carvalho, como de responsabilidade da presidente da República, concernente a possível sonegação de informações (operações de financiamento realizadas com fomento) ao TCU por parte do Banco Nacional de Desenvolvimento Econômico e Social (BNDES).

Isso feito e de posse da análise complementar da Semag – com a qual concordei –, por despacho, no dia 12.08.2015, autorizei nova oitiva da presidente Dilma para que pudesse se manifestar sobre os seguintes ilícitos adicionais:

I Edição do Decreto de Programação Orçamentária e Financeira para 2014 sem considerar a manifestação do Ministério do Trabalho e Emprego quanto à elevação de despesas primárias obrigatórias (Seguro Desemprego e Abono Salarial), no valor de R$9,2 bilhões, e quanto à frustração de receitas primárias do Fundo de Amparo ao Trabalhador, no valor de R$5,3 bilhões, em desacordo com os artigos 8º e 9º da LRF.

II Abertura de créditos suplementares, da ordem de R$15 bilhões, por meio de decretos incompatíveis com a meta fiscal em vigor, em desacordo com o artigo 167, inciso V da Constituição e com os seguintes dispositivos legais: artigo 4º da Lei Orçamentária Anual de 2014 e artigo 8º, parágrafo único, da LRF.

Considerei importante uma peça produzida pelo Ministério Público que atua junto ao TCU. Trata-se de instituição que funciona junto ao Tribunal desde a sua primeira sessão, em 1893, e que ao longo de sua existência lutou arduamente para a correta aplicação da lei no rito processual da Corte de Contas.

De estatura constitucional adquirida em 1988, o hoje denominado Ministério Público de Contas é órgão de extrema importância no Controle Externo. Ademais, o procurador Júlio Marcelo de Oliveira e o procurador-geral à época Paulo Bugarin sempre foram respeitados membros do *parquet* especializado, tendo protagonizado importantes deliberações no cenário nacional.

Fique registrado aqui apenas o lamento de que parte da imprensa não tenha compreendido a necessidade, de nossa parte, de observância do princípio constitucional do devido processo legal, de cumprimento assegurado por nós, na condição de relator, nesse processo em particular, assim como no Tribunal de Contas da União de um modo geral.

Pós-apresentação de defesa pela presidente da República: momentos de trabalho e tensão

Atendidos os prazos concedidos, ingressou no TCU a defesa da presidente da República e, de imediato, em 14.09.2015, foi encaminhada à Semag para análise e consolidação do relatório final que seria, enfim, enviado ao meu gabinete.

Na instrução que acompanhou o extenso relatório produzido por aquela unidade – subscrita em 01.10.2015 –, a equipe de auditores responsável pelo exame técnico propôs o não acolhimento da defesa no tocante às irregularidades nucleares submetidas ao crivo de Sua Excelência.

Para tanto, concluiu que, no exercício de 2014,

> houve comprometimento do equilíbrio das contas públicas em razão de irregularidades graves na gestão fiscal, com inobservância de princípios constitucionais e legais que regem a administração pública federal, bem como de normas constitucionais, legais e regulamentares na execução dos orçamentos da União e nas demais operações realizadas com recursos públicos federais, em especial no que se refere à observância de medidas restritivas, condicionantes e vedações fixadas pela Lei de Responsabilidade Fiscal.

Era esse o cenário com que me defrontava. Um relatório técnico robusto no qual se registravam ocorrências graves, sob o ponto de vista da gestão fiscal, atribuídas à presidente de República durante o ano de 2014.

As contas de governo de 2014 seriam apreciadas em 07.10.2015. Entre o pronunciamento definitivo da unidade técnica e a condução do processo à deliberação do Plenário do TCU se passariam cinco dias de muita tensão, debates internos e agitação no cenário político nacional. De meu lado, pressão asfixiante e uma enorme responsabilidade.

No dia mesmo em que era formalizado o relatório produzido pela Semag, submetia o seu conteúdo e a minuta de meu parecer prévio à consideração de meus pares, senhores ministros, e do procurador-geral do MPTCU. Assim procedi em atendimento à regra regimental que impõe ao relator das contas de governo o dever de dar conhecimento da citada documentação àquelas autoridades em até cinco dias úteis antes da data da sessão.

Para meu espanto, no dia seguinte (02.10.2015), depois de haver disponibilizado o relatório final da equipe técnica e a minuta de parecer prévio às demais autoridades da Casa, o jornalista Fábio Fabrini, do jornal *O Estado de S.Paulo*, havia publicado matéria em que revelava, com incrível precisão fática, o conteúdo do parecer que acabara de ser divulgado internamente. Um detalhe em meio a isso tudo: fiz questão de garantir que somente cópias impressas dos documentos fossem disponibilizadas aos gabinetes, evitando o envio usualmente empregado, por meio eletrônico, exatamente na intenção de impedir vazamento de informações, o que infelizmente ocorreu.

O mesmo jornalista, horas depois da divulgação da notícia, entrava em contato comigo, por telefone, e lia, na íntegra, a minuta de meu parecer. Quando isso aconteceu eu estava sendo monitorado por um daqueles aparelhos cardiológicos que medem a frequência cardíaca ao longo de um certo período, chamado Holter. Naquele exato momento, fui capaz de sentir uma súbita elevação na minha frequência cardíaca. Fiquei preocupado. Foi quando efetivamente tive a certeza do ocorrido. O mais aguardado parecer prévio a cargo do TCU havia sido fruto de divulgação antecipada à imprensa, apesar das precauções que eu havia tomado para que isso não ocorresse.

Sofria constantes pressões de grupos políticos e sociais que se dedicavam na defesa de suas convicções e de seus interesses. Em meu gabinete, recebi oito ministros de Estado, além de dezenas de senadores e deputados federais, do governo e da oposição, além das equipes técnicas do governo e das unidades técnicas do TCU (Semag). Tratei a todos com a mesma isenção e imparcialidade com que sempre trato os assuntos da vida pública com os quais sou desafiado a lidar. Prezava, desde o início, em todas as audiências de que participava, por adotar uma postura de mais ouvir do que falar.

Da mesma forma, esforçava-me por atender bem os jornalistas que diariamente me procuravam, seja os que se concentravam na recepção do gabinete, seja os que intentavam contato pelos diversos meios de comunicação (e-mail, telefone, redes sociais, etc.). Isso, é claro, com a maior transparência possível, respeitando o sigilo que a situação merecia.

Aprendi, ao longo de todo este processo, a importância das redes sociais, de como mudaram o comportamento da sociedade, transformando o Brasil em um grande *reality show* no qual a transparência dos agentes públicos é fator fundamental.

O meu relacionamento com o ministro Luís Inácio Adams, então advogado-geral da União, era pautado por respeito e cordialidade. Nas vezes em que se direcionava ao TCU para comigo tratar do processo, apesar da seriedade e da aspereza envoltas ao tema de fundo, nossas conversas se passavam de maneira amistosa. Era uma forma de amenizar as tensões e contribuir para a empatia dos debates técnico e jurídico cujo rigor seria exigido oportunamente. Antes dos temas mais pesados, por exemplo, comentávamos até mesmo sobre futebol, e sobre nosso time no Sul, o Grêmio de Futebol Porto Alegrense.

O tempo parecia transcorrer muito lentamente, apesar da intensidade dos dias que antecederam o tão esperado evento. Foram cinco dias em que vi se acentuar o meu desgaste físico e emocional.

Eram frequentes as manifestações de apoio que recebia da opinião pública e de diversos setores da sociedade civil. Não somente nos dias que precederam o julgamento, mas desde que assumira a relatoria do processo, no início de 2015. Em minhas palestras sobre governança pública, em todo o Brasil, notava aumentar o interesse do público a respeito do tema, o qual, pela sua importância, atraía um sem número de pessoas a cada dia.

Em minhas andanças pelo país, por motivo de viagens para cumprimento de uma agenda institucional, recebia inúmeras manifestações de apoio e carinho. As pessoas deixavam transparecer clara ansiedade pelo resultado do que seria o trabalho de controle externo mais expressivo do TCU. Compartilhavam comigo o peso daquela enorme responsabilidade e tentavam me incentivar, o que recebia com muito bom grado.

Permitindo-me voltar um pouco no tempo, o dia 16.02.2015 me traria uma grata recordação das várias manifestações de apoio que recebi ao longo daquela trajetória. Na praia de Copacabana, no Rio de Janeiro, milhares de pessoas que protestavam contra a corrupção, ao ouvirem o meu nome anunciado em alto-falante de um carro de som, dedicaram-me aplausos efusivos.

Já dizia um ditado popular que nem tudo são flores. Sofri também ameaças veladas e xingamentos, como, por exemplo: "vamos acabar com você", por meio de redes sociais, caixa postal e correio eletrônico. Cheguei a solicitar reforço de segurança para mim e para minha família. A Polícia Federal, tempos depois, chegou a me consultar sobre a adoção de providências visando a instauração de procedimento de apuração criminal.

Apesar de todos esses contratempos e outros mais, mantivemos o foco e a seriedade dos trabalhos, pregando o respeito aos preceitos legais e constitucionais a que sempre estivemos sujeitos. A minha vontade era, o quanto antes – sem atropelar os prazos e os procedimentos cabíveis, é claro –, concluir aquela difícil e exaustiva missão que me fora dada.

Exceção de suspeição: uma tentativa em vão

Na véspera da sessão extraordinária para apreciação das contas de governo, no dia 06.10.2015, fui surpreendido com uma exceção de suspeição oposta pela presidente Dilma, representada pela Advocacia-Geral da União (AGU). No documento, pleiteava ao então ministro-corregedor do TCU, Raimundo Carreiro, a suspensão de julgamento do parecer prévio. Dizia que eu agira sob suspeição na demanda e não podia exercer a relatoria do processo, porquanto tivera atuado de forma parcial e política, antecipando ao público e à imprensa a minha decisão.

O ministro Carreiro, após haver me dado conhecimento do teor da peça oposta pela União, para que me pronunciasse sobre os fatos nela constantes, caso reputasse conveniente, em decisão tomada com muita sensatez, optou por submeter a matéria à deliberação do Colegiado. Isso foi feito de forma apartada (processo autônomo),[11] no dia 07.10.2015, instantes antes da sessão principal.

O Colegiado, acompanhando a posição do ministro Carreiro, não recebeu a exceção de suspeição por tê-la considerado manifestamente improcedente. Em suas razões de decidir, entendeu que as

---

[11] Acórdão nº 2.460/2015-Plenário (TC nº 027.170/2015-2: Exceção de Suspeição oferecida pela Presidente da República Dilma Vana Rousseff, representada pelo Advogado-Geral da União Luís Inácio Lucena Adams, na qual alegou que o Ministro Augusto Nardes teria ofendido o princípio da imparcialidade do juiz e o disposto no art. 36, inciso III, da Lei Orgânica da Magistratura Nacional, assim como o art. 39, inciso VII, do Regimento Interno do TCU; Rel. Min. Raimundo Carreiro; Data da Sessão: 07.10.2015).

minhas declarações, enquanto relator daquele impactante processo, referiram-se aos acórdãos públicos do TCU:

> Com base nessas considerações e após analisar as matérias jornalísticas mencionadas pela Representante, concluo, desde logo, que a presente Representação é manifestamente improcedente, tendo em vista que referidas matérias invariavelmente traduzem ou meras ilações do jornalista ou declarações do Ministro Nardes que se limitam a reproduzir o que o TCU expressamente afirmou no Acórdão nº 825/2015 – Plenário, da relatoria do Ministro José Múcio, ou no Acórdão nº 1.464/2015 – Plenário, da relatoria do Ministro Nardes.
> Nada, absolutamente nada, há nas declarações do Ministro Augusto Nardes que revele alguma novidade ou que configure o adiantamento de juízo de valor sobre a manifestação apresentada pela Presidente da República.[12]

Antes mesmo que o TCU pudesse decidir daquela forma, sequer conhecendo da mencionada alegação de suspeição, a AGU ingressara no STF com uma ação mandamental em que intentava a suspensão da sessão e a minha declaração de suspeição em face da condução do processo.[13]

A sessão para apreciação do parecer prévio sobre as contas de 2014 estava agendada para as 17h do dia 07.10.2015. Por volta de 15h30min, a imprensa divulgava que o ministro Luiz Fux havia rejeitado o pedido da União. Estava mantido o julgamento.

Neste ponto quero enaltecer a postura do Supremo Tribunal Federal, que soube agir com celeridade e com responsabilidade a fim de que o julgamento não fosse suspenso ou de alguma forma prejudicado. E quero destacar, em particular, o brilhantismo e o acerto constitucional da decisão do Ministro Fux.

---

[12] Acórdão nº 825/2015-TCU-Plenário (TC nº 021.643/2014-8: representação formulada pelo Ministério Público junto ao TCU, na pessoa do Procurador Júlio Marcelo de Oliveira, acerca de indícios de irregularidades na constituição de passivos da União junto a bancos oficiais e outros credores; Rel. Ministro José Múcio Monteiro; Data da Sessão: 15.04.2015); e Acórdão nº 1.464/2015-TCU-Plenário (TC nº 005.335/2015-9: Decisão preliminar pela qual o TCU comunicou ao Congresso Nacional que as Contas de Governo do exercício de 2014 não estavam em condições de serem apreciadas naquele momento em virtude de indícios de irregularidades, os quais motivaram a abertura de prazo para apresentação de contrarrazões por parte da Presidente da República; Rel. Ministro Augusto Nardes; Data da Sessão: 17.06.2015).

[13] MS nº 33.828/DF, Rel. Ministro Luiz Fux.

Entre outros pontos, o magistrado sustentou ser "perfeitamente possível que o julgador, após distribuído o feito e estudado o processo, forme, de modo imparcial, o seu convencimento sobre o tema de fundo e, só depois, venha a divulgar sua compreensão". Também, que a suspeição era definida pelo artigo 135, inciso V, do Código de Processo Civil (antes da reforma atual), o qual remetia à atuação de juiz interessado no julgamento em favor de uma das partes. Ocorre que neste processo sobre contas de governo, no TCU, não há partes ou litígio, como se vê em um julgamento propriamente dito. É que nos cabe somente emitir parecer prévio conclusivo a ser apreciado em definitivo pelo Congresso Nacional. Foi o que declarou o Ministro Fux em sua decisão.

Internamente, comemoramos muito aquela sentença. Obviamente, é direito de todos, assegurado pela Constituição, recorrer ao Poder Judiciário na defesa de interesses próprios que se reputem lesados. Logo, à primeira vista, parecia legítima aquela tentativa de suspensão ou adiamento da sessão, não fosse o tom de intimidação utilizado por alguns setores do governo. Naquelas circunstâncias, não podíamos ceder. Estava em jogo o nome da instituição Tribunal de Contas da União. Era preciso deixar claro para a sociedade, cada vez mais, a seriedade do trabalho técnico sobre o qual iríamos deliberar. Com êxito, conseguimos.

Sempre me pautei, ao longo de minha atuação como ministro do TCU, pela observância do princípio da imparcialidade e pela regência técnica e isenta das questões que me são atribuídas. E não poderia ser diferente naquela situação em concreto. Atento à importância da matéria, procurei, ao mesmo tempo, zelar pela neutralidade no julgamento e pela divulgação de informações públicas, limitadas à dimensão fática das decisões anteriores exaradas pela Corte.

Vivemos tempos de ampla repercussão social e midiática devido ao crescente interesse das pessoas e dos meios de comunicação pelo tema. Muito louvável, penso eu. A informação aliada à transparência dos atos governamentais são fatores fundamentais para que se assegurem elementos de uma verdadeira democracia. Nessas circunstâncias, não há como exigir do julgador uma postura absolutamente passiva e introspectiva, marcada pela completa ausência de diálogo com os veículos de comunicação e com a sociedade civil organizada.

Estou seguro e convicto de que minha atuação ao longo desses mais de dez anos em que venho tendo o privilégio de integrar o TCU tem se balizado em prol da sociedade brasileira, com absoluto respeito aos ditames da Constituição e à legislação que rege a conduta dos ministros da Corte.

Parecer conclusivo: rejeição das contas de governo de 2014

Superada a arguição de suspeição oposta pela presidente da República, abordada no tópico anterior, passávamos à apreciação do parecer prévio. Os principais jornais e veículos de comunicação nacional cobriam o evento, com destaque para a emissora de TV GloboNews, cuja transmissão ocorria em tempo real. De fato, a sociedade acompanhava atentamente aquele importante acontecimento.

Os fatos estavam postos e a defesa apresentada pela presidente Dilma devidamente analisada pela equipe técnica da Semag (que, relembrando, é composta por mais de cinquenta auditores), por minha assessoria e por mim, em respeito aos princípios constitucionais do contraditório e da ampla defesa. Passava, enfim, a relatar o meu parecer aos demais ministros, ao membro do Ministério Público junto ao TCU, às demais autoridades presentes e ao público em geral.

Ciente de meus deveres como relator, especialmente diante de uma matéria tão valiosa e sensível, procurei exercê-los com responsabilidade e tecnicidade, tendo sempre em mente a observância fiel da lei e dos princípios legais e constitucionais. E ao proceder desse modo, deparei-me com um caminho único, sem possibilidade de retorno: não havia alternativa senão propor ao colegiado a rejeição das contas governamentais relativas ao exercício de 2014.

Desde que passei a conhecer rigorosamente as ocorrências descritas pelo nosso corpo técnico, de modo minucioso, e tendo em vista os alertas pretéritos expedidos pelo TCU ao governo federal em processos de contas relativas a exercícios passados, tivera a certeza desoladora de que o Brasil estava mergulhado em uma situação grave de desajuste fiscal e econômico.

Como disse, não via possibilidade de o TCU emitir parecer favorável à aprovação das contas, ainda que com ressalvas, à semelhança do que ocorria em praticamente toda a sua história. O relatório produzido pela equipe técnica da Semag compunha um conjunto sólido de atos irregulares contrários à legislação das finanças públicas e a diversos princípios legais e constitucionais.

O quadro era, portanto, indicativo de um parecer adverso – fazendo uso desse jargão presente em matéria de auditoria contábil e financeira. O desfecho seria o mesmo se fossem adotados parâmetros internacionais utilizados por Entidades de Fiscalização Superior (EFS).

É chegado o momento de relatar as principais irregularidades que levariam o TCU, acompanhando o meu parecer, a propor ao Congresso Nacional a rejeição das contas presidenciais daquele ano. Desde logo, peço escusas ao leitor por ter que, eventualmente, adotar um tom mais técnico com o qual possa não estar familiarizado – apesar de meu constante esforço para manter uma linguagem mais simples, direta e acessível ao público em geral.

A Lei de Responsabilidade Fiscal (LRF) é indiscutivelmente um dos maiores marcos normativos na era pós-constituição de 1988. Representa ganhos institucional e social inegáveis ao romper com paradigmas até então arraigados na cultura dos Poderes da República.

Tal norma, conceitual e principiológica por essência, teve como objetivo central estabelecer comportamentos esperados, diretrizes e regras norteadores de uma gestão fiscal responsável e equilibrada, preocupada com o controle rigoroso das contas públicas, por meio de medidas prudenciais e ações planejadas visando ao monitoramento *pari passu* do nível da expansão das despesas e do endividamento públicos.

Entre os seus vários campos de normatização, a LRF obriga que os governantes estabeleçam e incluam, nas leis de diretrizes orçamentárias anuais, metas fiscais e as monitorem periodicamente. Essas metas são instrumento de grande valia para a manutenção do equilíbrio das finanças públicas.

A lógica do orçamento público, materializada por intermédio de suas leis, só faz sentido em um cenário de constante avaliação e monitoramento da realidade por parte dos agentes governamentais, mediante o confronto dos dados apurados com as metas previamente estabelecidas. Desse modo, permite-se que haja replanejamento dos gastos públicos, quando necessário, evitando-se surpresas indesejadas pelo sistema ao final de cada ciclo orçamentário.

Nada disso foi observado em 2014, visto que diversos procedimentos afrontaram de forma significativa os princípios, objetivos e comportamentos preconizados pela LRF. Pelo contrário, o que se viu foi inobservância sistemática de regras e princípios legais, além de outros aplicáveis à administração pública.

O relatório técnico demonstrou, de forma cabal, o uso contínuo e reiterado de bancos estatais como financiadores de políticas públicas, contrariando vedação expressa da LRF. Com isso, foi postergado, injustificadamente, por arbítrio do Poder Executivo, o pagamento de despesas obrigatórias a cargo da União.

Em outras palavras, a União, cuja condução fiscal é exercida pelo Poder Executivo, deixou de pagar, no tempo devido, volumosas despesas com benefícios de programas de governo, tais como o Bolsa Família e o Seguro Desemprego. Esse procedimento, contrário à lei, consistiu em "captar", indiretamente, recursos junto às suas próprias instituições financeiras. É a chamada operação de crédito, porém, oculta, ou melhor, disfarçada de meros atrasos de pagamentos aos bancos estatais. O gráfico a seguir, apresentado durante a sessão de apreciação do parecer prévio sobre as Contas de 2014, evidencia, com precisão, o exposto:

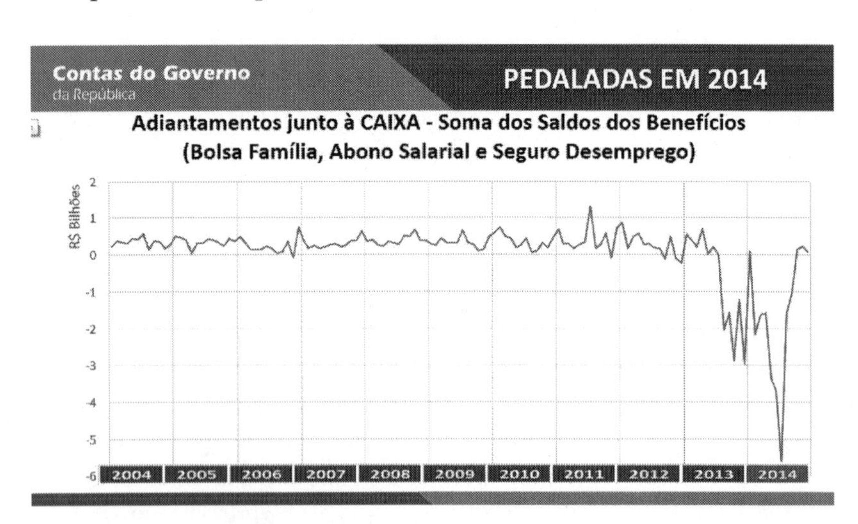

Fonte: TCU – Contas de Governo 2014.

Ao agir dessa maneira, realizando operações de crédito proibidas pela LRF, o governo distorceu a realidade orçamentário-financeira e o resultado fiscal do ano. Em contrapartida, esse artifício permitiu que um volume maior de despesas discricionárias[14] pudesse ser honrado em 2014.

Constatei também desrespeito à regra proibitiva da LRF quanto à realização de operações de crédito por antecipação de receita orçamentária[15] no último ano de mandato da presidente da República. Isso é muito grave! O legislador quis evitar que o chefe do Poder Executivo, também em disputa no processo eleitoral, inflasse a máquina pública com recursos financeiros oriundos de empréstimos não previstos no orçamento público. E, desse modo, impedir a prática antiga e corriqueira de utilização indevida da estrutura governamental em benefício próprio nas eleições.

Como consequência, os bancos estatais, em 2014, foram grandes credores da União. Um dos reflexos dessa situação foi que as dívidas assumidas pelo governo federal não compuseram as estatísticas fiscais elaboradas pelo Banco Central do Brasil (Bacen) em algo próximo de R$40 bilhões, comprometendo a fidedignidade dos números da DLSP e do resultado fiscal do exercício. Exceção há de ser feita no tocante à dívida da União para com a Caixa Econômica Federal em razão dos atrasos nos pagamentos dos benefícios do Bolsa Família, do Seguro Desemprego e do Abono Salarial. Nesses casos, as dívidas foram contabilizadas.

Disse a presidente Dilma, em sua defesa, que os atrasos nos pagamentos não configuraram operações de crédito, segundo a conceituação da LRF, mas meros adiantamentos devidos a ajustes operacionais típicos em virtude da própria dinâmica dos repasses

---

[14] Despesas discricionárias são aquelas que permitem ao gestor público flexibilidade quanto ao estabelecimento de seu montante, assim como quanto à oportunidade de sua execução, e são efetivamente as que concorrem para produção de bens e serviços públicos (Disponível em: http://www.orcamentofederal.gov.br/glossario-1/despesa-discricionaria. Acesso em 17 mai. 2016).

[15] "Art. 38. A operação de crédito por antecipação de receita destina-se a atender insuficiência de caixa durante o exercício financeiro e cumprirá as exigências mencionadas no art. 32 e mais as seguintes:
(...)
IV – estará proibida:"
(...)
b) no último ano de mandato do Presidente, Governador ou Prefeito Municipal".

dos benefícios, por meio de instituição financeira estatal na condição de agente operador.

Em oposição a esse raciocínio, entendi que os atrasos se enquadram no conceito de operação de crédito estabelecido pela LRF; que, para tal enquadramento, não se exige contrato bancário típico, específico, firmado com instituição financeira com vistas à entrega de numerários; que as operações em questão são assemelhadas às do rol do art. 29, inciso III, da LRF, mais especificamente à hipótese de abertura de crédito.

A responsabilidade direta da presidente da República sobre a prática das chamadas "pedaladas fiscais", em 2014, ficou evidente ante a edição do Decreto nº 8.535, de 2015, pela presidente Dilma Rousseff. Por meio desse decreto autônomo (fundado no art. 84, VI, da Constituição de 1988), a presidente passou a restringir a prática das "pedaladas" e, assim, deu evidente demonstração de que caberia diretamente a ela coibir a prática de referidas irregularidades.

A omissão das despesas primárias no cálculo do resultado fiscal falseou os dados oficiais, que ficaram subestimados, afetando a programação orçamentária e financeira bem como a verificação do cumprimento das metas fiscais sob o enfoque da necessidade de limitação de empenho e movimentação financeira (contingenciamento). Dessa forma, criou-se situação irreal que culminou na realização de contingenciamento em montante inferior ao que seria exigido em caso de observância da legislação em vigor.

Ainda que se abstraíssem os valores reais que deveriam ter composto as estatísticas fiscais, o Poder Executivo, já na avaliação bimestral – exigida pelo artigo 9º da LRF – devida ao quarto bimestre de 2014, tinha conhecimento dos dados que apontavam para um déficit primário significativo. Naquele momento, o cenário indicava a necessidade de contingenciamento no montante de despesas discricionárias.

A irregularidade se materializou, em definitivo, com a emissão do Decreto nº 8.367/2014, na avaliação do quinto bimestre, em paralelo com a submissão do PLN nº 36/2014 ao Congresso Nacional, ocasião em que não se contemplou novo contingenciamento, além de ter havido condicionamento da execução orçamentária à aprovação do projeto de lei.

Refutei, nesse ponto, a tese de defesa segundo a qual a decisão pelo não contingenciamento foi medida de responsabilidade fiscal, tendo se justificado pelas mudanças no cenário econômico mundial, ante o agravamento da crise, e pela possibilidade de alteração da meta pela via legislativa.

Considerei que alterações na meta fiscal são possíveis, mas em respeito aos ditames das leis orçamentárias, o que ocorreu apenas sob o aspecto formal, uma vez que o PLN nº 36/2014 foi submetido ao Poder Legislativo somente quando a realidade fiscal estava deteriorada. Isso deixou o parlamento refém de uma situação fática irreversível.

Demonstrei também que os efeitos da crise em 2014 não se fizeram sentir apenas em novembro, mas ao longo de todo o ano. Dessa forma, os indicadores econômicos sinalizaram a piora do cenário bem antes, já em maio e com mais ênfase em agosto. Logo, a lei exigia do Poder Executivo uma outra postura na condução da política fiscal e na gestão das metas fiscais.

Ainda no âmbito da programação orçamentária e financeira, o relatório técnico confirmou que houve omissões reiteradas quanto a projeções atualizadas encaminhadas pelo Ministério do Trabalho e Emprego. Essa ocorrência induziu a um montante contingenciado de despesas discricionárias no início do ano (Decretos nºs 8.197/2014 e 8.216/2014) aquém do necessário.

Para constar, outro achado de gravidade acentuada se deveu à abertura de créditos suplementares, da ordem de R$15 bilhões, quando a meta fiscal em vigor estava comprometida.

Uma outra tese utilizada pela defesa da presidente Dilma – bastante enfatizada pelo advogado-geral da União em suas entrevistas à imprensa – dizia respeito a uma possível violação dos princípios da segurança jurídica e da proteção da confiança por parte deste TCU se viesse a concluir pela emissão de parecer adverso.

Sobre essa questão, sempre acompanhando a área técnica da Casa, reputei que as decisões do TCU, por falta de disposição legal ou constitucional que o autorizem a assim proceder, não conferem salvaguarda à continuidade da prática de ato ilegal não abordado ou detectado por ocasião da análise fático-jurídica resultante de suas manifestações anteriores.

O trecho adiante, extraído do relatório da Semag, sintetiza muito bem o meu pensamento sobre o impacto das irregularidades nas Contas de Governo relativas ao exercício de 2014, especialmente no que concerne ao descumprimento dos princípios e das normas relacionadas à execução dos orçamentos da União e ao relevante papel do Tribunal de Contas da União como instituição de controle da gestão fiscal:

> Dessa forma, o não registro dos pagamentos das subvenções, a contratação de operações de crédito com inobservância de condições estabelecidas em lei, o não registro nas estatísticas fiscais de dívidas contraídas e a omissão das respectivas despesas primárias no cálculo do resultado fiscal criaram a irreal condição para que se editasse decreto de contingenciamento em montante inferior ao necessário para o cumprimento das metas fiscais do exercício de 2014, permitindo, desse modo, a execução indevida de outras despesas.
> Destarte, o que se observou foi uma política expansiva de gasto sem sustentabilidade fiscal e sem a devida transparência, posto que tais operações passaram ao largo das ferramentas de execução orçamentária e financeira regularmente instituídas.
> Nessa esteira, entende-se que tais atos foram praticados de forma a evidenciar situação fiscal incompatível com a realidade, comprometendo os princípios do planejamento, da transparência e da gestão fiscal responsável, além de ferir diversos dispositivos constitucionais e legais, especialmente no que tange à Lei de Responsabilidade Fiscal.
> Por fim, cumpre destacar o papel relevante que o Tribunal de Contas da União desempenha no controle da gestão fiscal, principalmente com o advento da LRF, o que traz consigo a responsabilidade de apontar os desvios identificados de forma a contribuir para a credibilidade e confiabilidade da gestão e das informações relacionadas às contas públicas brasileiras. Trata-se de valioso e fundamental compromisso para com a democracia e o interesse público.

Como conclusão a todo esse quadro que se delineou no exame das Contas de 2014, revelou-se outra situação ainda mais preocupante do que tão somente o descumprimento – generalizado e reiterado – da Lei de Responsabilidade Fiscal.

Refiro-me ao desprestígio que o Poder Executivo devotou ao Congresso Nacional, não somente ao adotar medidas ao arrepio da vigente Lei de Responsabilidade Fiscal, mas também ao promover, por exemplo, a abertura de créditos suplementares sem prévia autorização legislativa. Claro desmerecimento do papel preponderante que exerce o Poder Legislativo no harmônico concerto entre os Poderes da República, princípio fundamental da Nação, descumprindo mandamento expresso da atual Constituição da República.

Ante este cenário fático atentatório contra as normas de finanças públicas, estava decidido. O parecer prévio havia sido aprovado por unanimidade, nestes termos:

> O Tribunal de Contas da União é de parecer que as Contas atinentes ao exercício financeiro de 2014, apresentadas pela Excelentíssima Senhora Presidente da República, Dilma Vana Rousseff, exceto pelos possíveis efeitos dos achados de auditoria referentes às demonstrações contábeis da União, consignados no relatório, representam adequadamente as posições financeira, orçamentária, contábil e patrimonial, em 31 de dezembro de 2014; *contudo, devido à relevância dos efeitos das irregularidades relacionadas à execução dos orçamentos*, não elididas pelas contrarrazões apresentadas por Sua Excelência, *não houve observância plena aos princípios constitucionais e legais que regem a administração pública federal, às normas constitucionais, legais e regulamentares na execução dos orçamentos da União e nas demais operações realizadas com recursos públicos federais, conforme estabelece a lei orçamentária anual, razão pela qual as Contas não estão em condições de serem aprovadas, recomendando-se a sua rejeição pelo Congresso Nacional.* (Grifo nosso).[16]

Em paralelo, a exemplo do que sempre ocorreu, expedimos alertas e recomendações aos órgãos e entidades da administração pública federal com o propósito de evitar que as mesmas irregularidades se repitam no futuro.

Havia, enfim, concluído a missão que, hoje, talvez possa considerar a mais difícil em toda a minha trajetória político-administrativa. Sentia uma sensação única de alívio. Aquele grandioso trabalho, que nos tomou horas, dias, noites em claro, chegava ao fim. Aproveitei aquele momento para agradecer aos ministros que comigo compuseram aquela histórica sessão. Mas o meu principal agradecimento foi mesmo para todos os auditores do TCU que se dedicaram como nunca para que aquele valioso produto fosse construído sob observância estrita ao aparato técnico-jurídico que deve balizar os julgamentos da Corte de Contas.

---

[16] Acórdão nº 2.461/2015-TCU-Plenário (TC nº 005.335/2015-9: Apreciação conclusiva sobre as Contas do Governo da República referentes ao exercício de 2014, sob a responsabilidade da Excelentíssima Senhora Presidente da República Dilma Vana Rousseff; Rel. Ministro Augusto Nardes; Data da Sessão: 07.10.2015).

Ao sair da sessão, após exaustiva coletiva de imprensa à qual fora submetido, por dever de ofício, fui cercado, na entrada do edifício sede do TCU, por centenas de pessoas. Havia jornalistas e centenas, talvez milhares de valorosos brasileiros que acompanhavam aquela sessão pública e membros de movimentos sociais.

É oportuno salientar aqui a importância que tiveram as redes sociais em todo esse processo, pois todas essas pessoas puderam dar visibilidade aos seus posicionamentos através da internet, inclusive pressionando as autoridades no sentido de que houvesse o cumprimento da Lei de Responsabilidade Fiscal. Em todos os estados essas pessoas se reuniam em frente às secretarias do TCU e simbolicamente colocavam velas e rezavam por mudanças. Jamais vi em toda a minha história tal avalanche de cidadania, com milhões de brasileiros saindo às ruas em finais de semana, num movimento superior a movimentos anteriores de grande expressão, como as "Diretas Já" e o impeachment do presidente Collor.

Foi uma demonstração de brasilidade que aflorou em todos os cantos do Brasil, não somente nas grandes capitais, solicitando mais transparência na coisa pública. Com palavras de ordem fizeram uma verdadeira revolução sem armas, usando a bandeira do Brasil como escudo na defesa de seus direitos e representando naquele momento a voz de 200 milhões de brasileiros que estavam insatisfeitos com a falta de retorno adequado para seus impostos. Esse movimento fez com que o papel do TCU viesse a ser difundido e restou demonstrado que isso fará ocorrer uma mudança em todo o sistema de tribunais de contas no Brasil a partir dessa votação histórica.

Todos esses pensamentos passaram pela minha mente num relâmpago quando saí da sessão e me deparei com a multidão. Surpreendi-me positivamente com o som que dali ecoava. Gritavam meu nome e guardo na memória um dos cantos que ecoavam naquele momento – "Nardes guerreiro // do povo brasileiro". Foi com humildade e, ao mesmo tempo, com orgulho pelo trabalho realizado, que recebi aquela carinhosa homenagem pelo esforço empreendido com minha equipe durante aquela jornada. Na verdade, essa homenagem deve ser estendida para todo o quadro de funcionários do Tribunal de Contas da União, porque, apesar de a decisão ter sido de minha responsabilidade, foi respaldada em dezenas e dezenas de trabalhos técnicos de nossos auditores.

Havia alegria pelo trabalho bem feito, correto, isento e imparcial. Mas havia também a tristeza por saber que, no fundo, o seu conteúdo expressava amplo desrespeito à legislação orçamentária e financeira e à Constituição Republicana. E por saber que nossos governantes precisam, com urgência, quebrar de uma vez por todas os paradigmas arraigados no modelo político-administrativo brasileiro. Precisam enxergar as leis como elas são, como fruto do poder legítimo que emana do povo, por intermédio de seus representantes, e respeitá-las.

Avançamos com este processo. Daqui para frente, creio que as próximas contas de governo não contemplarão as ilicitudes observadas em 2014. Pode parecer um contrassenso, mas, por outro lado, perdemos também, pois se a legislação tivesse sido respeitada não estaríamos neste estágio.

Tenhamos fé e resignação. Todos nós buscamos uma sociedade mais justa e responsável, isso em todos os setores de nossas vidas. Na vida pública não poderia ser diferente. Aqui, lamentavelmente, vimos um Governo agir sem a cautela e a responsabilidade exigidas pela lei. Tempos novos e melhores nos esperam.

CAPÍTULO 3

O PROCESSO DAS PEDALADAS NO CONGRESSO NACIONAL

O reflexo do julgamento das Contas de Governo 2014 no cenário político nacional

As irregularidades analisadas pelo Tribunal de Contas da União no âmbito das Contas de Governo de 2014, tratadas no capítulo anterior, acabaram por ensejar diversos desdobramentos na sociedade e no Congresso Nacional.

O principal deles, sem dúvida alguma, teve origem em denúncia encaminhada à Câmara dos Deputados em 1º de setembro de 2015, aditada no dia 16 do mesmo mês, pelos advogados Hélio Pereira Bicudo e Janaina Conceição Paschoal, com solicitação de instalação do processo de *impeachment* contra a presidente da República Dilma Rousseff em função do cometimento de crime de responsabilidade afeto ao descumprimento das regras orçamentárias, em especial às chamadas "pedaladas fiscais" e à edição de decretos responsáveis pela abertura de créditos suplementares não autorizados pelo Congresso Nacional.

O processo de *impeachment* tem por fundamento o art. 85 da Constituição e a Lei nº 1.079/1950. Com base no art. 14 da mencionada lei, "é permitido a qualquer cidadão denunciar o Presidente da República ou Ministro de Estado, por crime de responsabilidade, perante a Câmara dos Deputados", desde que sejam apresentados documentos que comprovem as irregularidades relativas a crimes relacionados no art. 4º, como aqueles que atentem contra a existência da União; o exercício dos direitos políticos, individuais e sociais; a segurança interna do País; a probidade na administração; a lei orçamentária; a guarda e o legal emprego dos dinheiros públicos; e o cumprimento das decisões judiciais.

Inegável a atenção despertada na sociedade todas as vezes que um processo que avalia o afastamento do maior mandatário da nação é iniciado. Naturalmente, no contexto democrático atual, diversos argumentos políticos e jurídicos são suscitados por correntes favoráveis ou contrárias ao *impeachment*. Apesar dessa dicotomia, as referidas discussões são subsídios importantes para que a governança social em relação às ações do governo seja posta em prática.

Ilustra relevante momento nacional em que os representantes eleitos pelo povo, senadores e deputados, irão avaliar a conduta do presidente da República frente ao arcabouço normativo pátrio. Por esse motivo, todas as questões atinentes ao andamento desse processo são exaustivamente debatidas e, em muitas ocasiões, judicializadas.

Nesse sentido, após diversas discussões iniciais a respeito da melhor forma de condução do procedimento de *impeachment* da presidente da República em 2015, não obstante o Brasil ter vivido algo similar em 1992, quando do afastamento do presidente Fernando Collor, caso em que o TCU não teve participação, a matéria acabou por ser levada à apreciação do Supremo Tribunal Federal que, por sua vez, disciplinou o rito a ser observado pela Câmara dos Deputados e, posteriormente, pelo Senado Federal.

Por maioria, a Corte Suprema, ao apreciar a Arguição de Descumprimento de Preceito Fundamental (ADPF) nº 378, que discutia a validade de dispositivos da Lei nº 1.079/1950, deliberou que a Câmara dos Deputados apenas autoriza a abertura do processo de *impeachment*, sendo responsabilidade do Senado fazer juízo inicial de instalação ou não do procedimento, oportunidade em que a votação se faz por maioria simples, além de que o afastamento de presidente da República ocorre apenas caso o Senado Federal autorize a abertura do processo.

Com base no rito estabelecido pela Corte Suprema, a denúncia apresentada foi recebida pelo presidente da Câmara dos Deputados e, após diversas análises coordenadas pelo relator, deputado

Jovair Arantes, submetida ao Plenário em 17 de abril de 2016, que aprovou sua admissibilidade por meio do voto de 367 deputados. Nesse particular, cabe lembrar que o quórum de aprovação para o afastamento de um presidente da República é alto, uma vez que são exigidos no mínimo 2/3 dos votos dos 513 deputados (342 votos) e, posteriormente, 2/3 dos votos dos 81 senadores (54 votos).

Considerando que essa votação superou o mínimo exigido de votos na Câmara dos Deputados, o processo seguiu para apreciação do Senado Federal que tinha prazo limite de até 180 dias para apreciá-lo, no qual estavam contempladas três fases: a admissibilidade da denúncia; pronúncia e julgamento.

A denúncia foi admitida em 12 de maio de 2016 pelo voto de 55 senadores, fato que ensejou o afastamento temporário da presidente Dilma Rousseff e a posse interina do presidente Michel Temer.

A partir de então, o Senado passou à colheita de provas, à realização de perícias, e à oitiva de testemunhas de acusação e defesa para subsidiar a decisão conclusiva, cujo julgamento final ocorreu em 31 de agosto de 2016 no Plenário do Senado Federal, em sessão presidida pelo presidente do Supremo Tribunal Federal, ministro Ricardo Lewandowski. Por 61 votos favoráveis e 20 contrários, foi aprovado o *impeachment* da presidente em face de ter cometido crimes de responsabilidade fiscal. Entretanto, os parlamentares deliberaram pela não aplicação da sanção relativa à inabilitação para funções públicas, viabilizando a candidatura de Dilma Rousseff a cargos eletivos ou o exercício de funções na administração pública.

Aspectos técnicos analisados no julgamento do *impeachment* pelo Senado Federal

O relator do processo de *impeachment* no Senado Federal, o senador Antônio Anastasia, que propôs em seu relatório[17] a pronúncia da então presidente, trouxe considerações relevantes

[17] Pode ser obtido no *site*: BRASIL. Senado Federal. *Parecer nº, de 2016*. Disponível em: http://www12.senado.leg.br/noticias/arquivos/2016/08/02/relatorio-do-sen.-antonio-anastasia-referente-a-pronuncia. Acesso em 23 mai. 2017.

a respeito da responsabilidade fiscal que deve nortear as ações dos governantes, bem como da relevância da atuação do TCU na identificação técnica de irregularidades fiscais.

De início, é importante que se registre, o julgamento realizado pelo Congresso Nacional tomou por base fatos praticados no exercício de 2015, em momento no qual as Contas de Governo relativas a esse exercício ainda não haviam recebido o parecer técnico prévio do TCU. As irregularidades identificadas pelo Tribunal nas Contas de 2014 serviram como subsídio ao Congresso para verificação de suas continuidades no ano seguinte, conforme se depreende do texto do relatório do senador Anastasia:

> Desse modo, o único campo de incidência passível de postergação do pagamento de valores devidos pela União, do ponto de vista econômico, se limita à esfera dos subsídios explícitos, já que, neste caso, os valores não são devidos ao mercado, e sim à instituição financeira controlada pela própria União. Ocorre que, do ponto de vista jurídico, a LRF proíbe que bancos públicos se coloquem na posição de credores a ponto de financiar políticas públicas de responsabilidade da União.
> Segundo apurado pelo TCU, contudo, essa proibição não foi respeitada, conforme consignado em seu parecer relativo às contas presidenciais de 2014. Demais disso, relatório elaborado pela Secretaria de Macroavaliação Governamental (Semag) do TCU, no âmbito da apreciação das contas presidenciais de 2015, traz indicação técnica de que houve a reiteração das "pedaladas fiscais" ao longo da maior parte do exercício de 2015. De acordo com a Semag, com efeito, em 2015 a União realizou operações ilegais de crédito junto a duas instituições financeiras por ela controladas: BNDES e BB, em ambos os casos em decorrência da postergação de pagamentos devidos em razão de subvenção econômica na modalidade de equalização de taxa de juros.

Entretanto, foi afastada pelo relator a preliminar suscitada pela defesa da pendência do julgamento das contas presidenciais pelo TCU diante da "pacífica jurisprudência pátria que reconhece a independência das instâncias administrativa, cível e penal".

O relatório demonstrou a importância do controle fiscal para o equilíbrio das contas públicas do País e os avanços conquistados nas últimas décadas no controle da inflação. A partir de 2014, ocorreu forte desequilíbrio, com o governo federal deixando de gerar superávits primários e sua dívida passando a crescer como proporção do Produto Interno Bruto (PIB), de acordo com a ilustração a seguir:

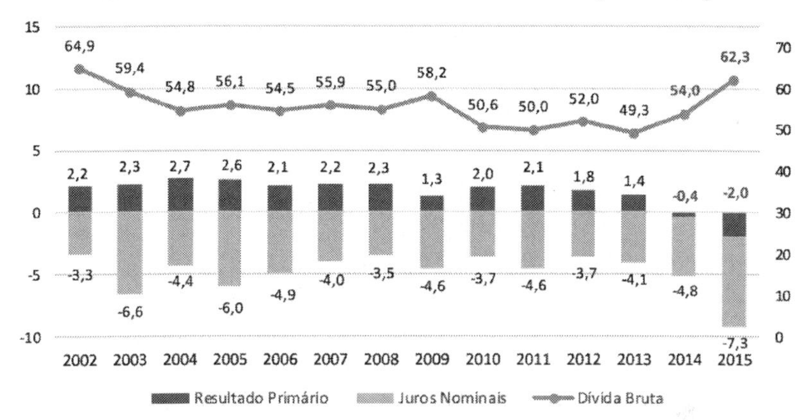

Fonte: Banco Central do Brasil. Elaboração própria.
Governo Federal: sem inclusão do Banco Central do Brasil e empresas estatais federais

Ainda segundo o relatório,

> pode-se observar que, em percentual do PIB, essa dívida vinha sendo paulatinamente reduzida desde o início da série apresentada até que, a partir de 2014, passa a crescer de modo preocupante. Ao final de 2015, a dívida bruta do governo federal atinge 62,3% do PIB, o que corresponde a R$3,7 trilhões. A maior razão para o aumento da dívida pública é a existência de déficits fiscais, pois quando o governo gasta mais do que arrecada, precisa ser financiado, dando origem, assim, a novas dívidas. Em 2015, o déficit (ou necessidade de financiamento) do governo federal foi de R$544,2 bilhões, o que equivale a 9,3% do PIB.

E a preocupação com a crise fiscal tem todo o sentido visto que, nos termos utilizados pelo próprio relator, "o bem jurídico tutelado nesse processo – o equilíbrio das contas públicas buscado – é variável-chave para o controle da inflação". Conforme ressaltado no Parecer de Admissibilidade:

> *Há, afinal, uma verdade que não adormece: o equilíbrio das contas públicas,* uma vez comprometido, pode trazer como consequência o descontrole inflacionário, já que déficits fiscais persistentes tendem a ser financiados por expansão monetária. *O preço da estabilidade, em resumo, é a eterna vigilância.* Foi o que fez a LRF. Esse diploma nos colocou em permanente estado de diligência fiscal. (Grifo nosso).

Os difíceis tempos passados com a alta inflação vivida no Brasil foram superados a partir do momento em que a estratégia nacional de estabilização monetária migrou da âncora cambial para a âncora fiscal, razão pela qual o tema controle fiscal se tornou tão relevante, tendo como normativo essencial a Lei de Responsabilidade Fiscal que, dentre outros comandos, acabou por proibir "operação de crédito entre uma instituição financeira estatal e o ente da Federação que a controle, na qualidade de beneficiário do empréstimo". E a razão é muito simples: a prática de financiamento de déficits fiscais de governos, federal ou estaduais, pelos bancos por eles controlados representava risco para a estabilidade do sistema financeiro.

Entretanto, após decorrido período relativamente estável na economia nacional, o relatório destaca a preocupação com a ocorrência da denominada "contabilidade criativa", ilustrando a relevância dos achados do TCU em relação à volta da antiga prática condenada de financiamento de despesas da União por bancos por ela controlados:

> Quanto à conformidade dessas políticas com o ordenamento jurídico, os sinais mais visíveis de afronta à legislação passam ao conhecimento da sociedade a partir do momento em que, em 2013, amplificam-se as críticas ao que se convencionou chamar de "contabilidade criativa": um conjunto de práticas que permitiu ao governo apresentar desempenhos fiscais mais favoráveis que a realidade e aumentar despesas sem que se afetassem negativamente as estatísticas relativas a resultado primário e dívida líquida. Entre outras técnicas empregadas, podemos citar: (I) o pagamento de dividendos antecipados e excessivos por parte de empresas estatais; e (II) a crescente postergação do pagamento de despesas públicas, não apenas mediante abuso do legítimo instituto dos "restos a pagar", como também por intermédio do vertiginoso financiamento de despesas por bancos controlados pelo ente público, mais precisamente a União.
> *No bojo desse processo, a discussão passa a ganhar novos contornos, de maior gravidade, quando o TCU, em 2015, considerou que a União incorreu em operação ilegal de crédito ao se socorrer de bancos públicos para financiar políticas públicas de sua responsabilidade. Segundo a Corte de Contas, ao postergar o pagamento de valores devidos a esses bancos, a União se colocou em situação devedora em relação a instituições financeiras por ela controladas. Tal situação, no entendimento firmado pelo TCU, caracteriza operação de crédito vedada pelo art. 36 da LRF, dispositivo que já destacamos acima. (...)*
> *Conforme inicialmente estimado pelo TCU, as operações de crédito contestadas teriam permitido que, em 2014, a dívida pública federal fosse subdimensionada em R$40,2 bilhões* e o resultado primário superestimado em R$7,1 bilhões.
> Esse retrato mais geral é de suma importância para colocarmos na devida

> perspectiva o episódio das chamadas "pedaladas fiscais". Não estamos diante de fatos que se encerram em meros tecnicismos ou conceitos jurídicos. Muito ao contrário, *estamos a julgar fatos que se inserem em contexto político-econômico de elevadíssima relevância e gravidade no tocante à preservação do equilíbrio das contas públicas.*
> Parte das irregularidades apontadas pela área técnica do TCU, relativas às contas presidenciais de 2015, coincide, portanto, com o objeto deste processo de impeachment. E não se trata de um processo qualquer. O caso foi trazido a este Parlamento em um contexto grave de crise econômica, momento que demanda uma recuperação e revalorização da necessidade de zelo político pelo equilíbrio das contas públicas. Da parte do TCU, é possível que opine pela rejeição das contas presidenciais por dois anos consecutivos. Em relação a 2014 isso já e fato consumado. Para 2015, o relatório da área técnica do Tribunal aponta no sentido de parecer pela rejeição. (Grifo nosso).

A propósito, em sintonia com as reflexões trazidas nas discussões travadas no Senado federal, tive oportunidade de destacar no livro "Governança Pública: o desafio do Brasil (Fórum, 2015)" as principais questões a serem tratadas pelos atuais e futuros governantes do Brasil: "manter a estabilidade macroeconômica; racionalizar os gastos públicos; aprimorar as políticas de educação, pesquisa e inovação tecnológica; otimizar a infraestrutura; e promover a inclusão social e regional". (O ideal seria inserir uma nota de rodapé aqui né, mas como já foi publicado deixa assim?).

Naquele texto, sustentei que

> o correto manejo das políticas monetária e fiscal tem o objetivo de transmitir confiança à sociedade de que o governo garantirá as condições econômicas necessárias à manutenção do crescimento sustentado (...) Ainda pela avaliação do TCU, caso a política fiscal não apresente coordenação adequada com a política monetária, a trajetória do nível de preços da economia pode ser afetada negativamente e, por conseguinte, comprometer a estabilidade e o crescimento econômico.

Análise das irregularidades pelo Senado Federal: abertura de créditos suplementares sem autorização do Congresso Nacional e "pedaladas fiscais"

No mérito, a avaliação do relatório do senador Anastasia em relação à primeira imputação da acusação, abertura de créditos suplementares por decretos presidenciais sem autorização do Congresso Nacional, foi no sentido de que houve violação ao art. 4º da Lei Orçamentária de 2016 (Lei nº 13.255/2016), uma vez que, três dos quatro decretos questionados, "promoveram alterações na programação orçamentária incompatíveis com a obtenção da meta de resultado primário vigente à época de sua edição, com impacto negativo sobre o resultado primário esperado de R$1,75 bilhão".

Conforme demonstrou o relatório,

> os créditos suplementares em questão poderiam ter sido financiados mediante o cancelamento de outras dotações orçamentárias, o que preservaria sua compatibilidade com a obtenção da meta fiscal e prestigiaria o Orçamento enquanto instrumento precípuo de alocação de recursos escassos.

Como agravante, constatou-se, ainda, "que as programações que se beneficiaram de suplementações aportadas por três dos decretos em exame tiveram valores de empenho superiores aos das dotações iniciais constantes da LOA e que em dois casos também o pagamento foi superior às dotações iniciais".

No que tange à análise da conduta da presidente, a maioria absoluta dos senadores anuiu às considerações do Relator:

> Trata-se de conduta grave, que atenta não apenas contra a responsabilidade fiscal, mas principalmente contra as prerrogativas do Congresso Nacional. Embora a política fiscal seja executada pelo Poder Executivo, ela somente se legitima pela aprovação do Poder Legislativo, que é o representante maior da sociedade brasileira. O controle da tributação e do gasto público é uma das funções essenciais do Parlamento, que antecede historicamente, inclusive, a função legislativa propriamente dita e que se encontra no âmago da própria concepção do Estado de Direito. Não se está aqui, em qualquer hipótese, a criminalizar uma ou outra orientação de política fiscal. A democracia é aberta a todas as doutrinas econômicas. Exige, apenas que elas sejam implementadas segundo as leis e a Constituição. No regime presidencialista, não se admite que o Executivo adote ou altere a política fiscal à revelia do Legislativo. Não é por outro motivo que a Constituição exige a aprovação parlamentar do Plano Plurianual, da Lei de Diretrizes Orçamentárias e da Lei Orçamentária Anual.
>
> A meta de resultado primário é o principal balizador da política fiscal, que define se haverá um crescimento da dívida pública ou, pelo contrário, a sua redução. Trata-se, portanto, de elemento decisivo para o

equilíbrio intertemporal das contas públicas, ou seja, para a própria responsabilidade fiscal. Não é por outro motivo que a meta fiscal integra, por determinação da LRF e da Constituição Federal, a Lei de Diretrizes Orçamentárias, com base na qual se elabora a Lei Orçamentária Anual. Ao abrir créditos suplementares e contingenciar despesas com base em projeto de lei pendente da apreciação do Parlamento, a Presidente da República revelou, portanto, não apenas desconsideração pelos mais elementares princípios de responsabilidade fiscal, mas absoluto desrespeito ao Congresso Nacional.

Em relação à segunda imputação, contratação ilegal de operações de crédito ("pedaladas fiscais"), o entendimento foi de que houve contratação ilegal de operações de crédito entre o Tesouro Nacional e o Banco do Brasil, decorrente de repasses não realizados ou realizados com atrasos relativos à equalização de taxas de juros do Plano Safra, com infringência ao art. 36 da LRF, que veda o financiamento de ente da Federação por instituição financeira sob o seu controle.

A propósito, as conclusões do relatório foram muito duras, chegando a titular a irregularidade como "um autêntico atentado à Constituição":

> A gravidade dos fatos constatados não deixa dúvidas quanto à existência não de meras formalidades contábeis, mas de um autêntico "atentado à Constituição".
> Operações de crédito entre instituições financeiras e seus controladores são vedadas tanto no setor público quanto no setor privado. Trata-se de norma básica de regulação bancária, adotada internacionalmente. Procura-se evitar que a promiscuidade de interesses leve as instituições financeiras a atuarem temerariamente na concessão de crédito, em benefício se seus controladores.
> O interesse público dessa vedação se dá porque os bancos operam não apenas com recursos próprios, mas da sociedade em geral. Operações bancárias temerárias colocam em risco, portanto, tanto o patrimônio de seus acionistas controladores quanto dos correntistas e investidores em geral. Além disso, a insolvência de um banco é um evento que pode comprometer a estabilidade do sistema financeiro como um todo, com efeitos catastróficos para a economia.
> Quando o controlador da instituição financeira é o próprio governo, a gravidade desse tipo de operação é ainda mais acentuada, pois coloca em risco não apenas a higidez do sistema financeiro, mas também o equilíbrio das contas públicas, ou seja, a responsabilidade fiscal. No caso de operações que envolvem a União, o risco é exacerbado, pois o Banco

Central, responsável pela supervisão bancária, é uma autarquia federal e seus dirigentes também são nomeados pelo Presidente da República. Embora o endividamento público não seja, em si mesmo, um mal, ele deve ser mantido sempre em níveis sustentáveis, de modo a evitar o comprometimento do orçamento futuro com o serviço da dívida passada. Uma dívida pública descontrolada reduz os recursos disponíveis para as políticas públicas e impacta negativamente toda a economia, pois resulta em elevação da taxa de juros. A proibição de financiamento de entes públicos por bancos sob o seu controle é indispensável, portanto, para evitar que despesas primárias sejam realizadas na ausência de receitas primárias que as sustentem e que esse fato seja escamoteado por meio de empréstimos bancários temerários, como se constatou no episódio das "pedaladas fiscais".

A tipificação das condutas da presidente da República previstas como crimes de responsabilidade na Lei nº 1.079/1950 foram as seguintes:

a) Pela abertura de créditos suplementares sem a autorização do Congresso Nacional: art. 10, item 4: infringir, patentemente, e de qualquer modo, dispositivo da lei orçamentária; e art. 11, item 2: abrir crédito sem fundamento em lei ou sem as formalidades legais.
b) Pela realização de operações de crédito com instituição financeira controlada pela União ("pedaladas fiscais"): art. 10, item 6: ordenar ou autorizar a abertura de crédito com inobservância de prescrição legal; e art. 10, item 7: deixar de promover ou de ordenar na forma da lei a amortização ou a constituição de reserva para anular os efeitos de operação de crédito realizada com inobservância de limite, condição ou montante estabelecido em lei; art. 11, item 3: contrair empréstimo ou efetuar operação de crédito sem autorização legal.

CAPÍTULO 4

BRASIL: OS DESAFIOS DE AGORA

O papel do Estado

Desde a promulgação da Constituição de 1988 e a edição do Plano Real, em 1994, o país viveu, até o ano de 2014, inegável progresso socioeconômico, com estabilidade monetária, geração de empregos e redução da miséria. Tal progresso, entretanto, não foi capaz de proporcionar ao Brasil um nível de desenvolvimento compatível com sua condição, naquele momento, de 5ª ou 6ª maior economia do planeta.

Quando começamos a escrever, no ano de 2013, o livro *Governança Pública*: o Desafio do Brasil, identificamos como principais desafios ao nosso desenvolvimento a manutenção da estabilidade monetária, a melhoria na qualidade do gasto público, melhor qualidade nos investimentos em educação, pesquisa e tecnologia. Outros grandes desafios estavam relacionados à nossa infraestrutura e a promoção da inclusão regional e social.

Em todos esses temas, incluímos a governança pública como um grande desafio primário que permeava os demais. Acreditávamos, e hoje ainda mais, que o fortalecimento das boas práticas de liderança, estratégia e controle para o bom direcionamento, monitoramento e avaliação dos gestores e das políticas públicas se configura em um desafio primário para que alcancemos níveis de desenvolvimento compatíveis com os das maiores nações do planeta.

Essa análise, respaldada em vários trabalhos do TCU, coincidia com a de renomados economistas brasileiros e estrangeiros, bem como com a avaliação do próprio governo.

Tais desafios estão diretamente relacionados à atuação do Estado, reconhecido na Constituição de 1988 como importante indutor do desenvolvimento.

No final de 2014, após ampla eleição que renovou os governantes e parlamentares, já era fácil perceber grandes questionamentos sobre a qualidade dos serviços prestados pelo Estado, além de todo o sistema político, os governos e as instituições. Naquele momento, mostrava-se com total nitidez a necessidade de três grandes pactos para que o Brasil pudesse avançar: pacto pela boa governança; pacto federativo e o pacto político.

Hoje as crises política e econômica se confundem, tornando o quadro mais complicado ainda. O sentimento de insegurança e de falta de confiança na economia, na classe política, nos partidos e nos governos é grande. As principais reformas que o país necessita – a do Estado, a Política, Tributária, Econômica e de Previdência – são eternos projetos que vão e voltam às mesas dos congressistas.

O Brasil, que não conseguia ter um crescimento sustentável, experimenta agora uma recessão. Nem com a desvalorização do Real conseguimos aumentar substantivamente nossas exportações. E a mão de obra no Brasil não é competitiva em relação a outros centros exportadores. Exportar no Brasil sai caro.

No ápice da crise política, o afastamento da presidente Dilma teve como ponto central as "pedaladas", que têm correlação, conforme comentamos no capítulo inaugural, com problemas de governança já observados em grandes empresas privadas. No caso das pedaladas, há uma semelhança incrível, conforme comentou o economista Delfim Neto, em um de seus artigos, com o crime do acionista majoritário de um banco que nele toma emprestado! Nesse caso, comenta o brilhante economista, a pena é a intervenção do Banco Central e um processo criminal, que pode condenar os responsáveis à restrição da liberdade. No governo brasileiro, a condenável utilização de bancos públicos motivou conclusão prévia da Câmara dos Deputados e do Senado Federal, de ocorrência de crime de responsabilidade, capaz de resultar no impedimento definitivo da presidente.

Embora incontestável sob o aspecto jurídico e administrativo, a irregularidade, chamada de "trapalhada" por Delfim, poderia ter outro desfecho político, não fosse a crise em que mergulhamos, decorrente de uma série de fatores negativos que, segundo o economista, elevaram a pressão e a temperatura a níveis sufocantes:

1º queda de 6% do PIB entre o primeiro trimestre de 2015 e o seu homólogo de 2016;

2º preocupante aumento do desemprego, que já atinge mais de 13 milhões de trabalhadores;

3º desequilíbrio fiscal que gerou um déficit de 6% do PIB em 2014, 10% em 2015 e repetiu-se em 2016;

4º uma dinâmica preocupante da relação Dívida Bruta/PIB que pulou de 52% ao final de 2013, para 67% no final de 2015 e ameaça – se nada for feito – atingir 80% em 2017 e, por último, mas não menos importante,

5º a constituição de passivos contingentes de valores ignorados graças às incertezas introduzidas pela contabilidade "criativa" a partir de 2012.

A crise atual, descrita nos números de Delfim Neto, se bem administrada, pode ser passageira, embora tenda a deixar sequelas profundas em uma das dez maiores economias do mundo. Se mal administrada, poderá nos levar a uma situação imprevisível. Depois de resgatarmos nossa credibilidade com o Plano Real, vivemos hoje um clima que pode acabar em uma "convulsão social", seja pelo desemprego, seja pela concentração de renda.

É chegada a hora de sabermos qual o Brasil que nós queremos. Hoje, se o Estado para de investir, veja o exemplo da Petrobras, depois do "Petrolão" – o país praticamente para. Mas o setor público deve controlar os investimentos ou criar condições para investir? Precisamos de uma sociedade menos dependente do setor público? De um Estado facilitador em vez de complicador? De um novo sistema de governo? Em uma economia globalizada, cada vez mais competitiva, há um projeto de país para um mundo dividido em blocos e países fortes?

Parece ter havido um desencanto com as eleições e uma perda de credibilidade do poder público. O país necessita de que seja cumprida a Lei de Responsabilidade Fiscal, manter a estabilidade monetária, investir forte na educação, pesquisa e inovação, na infraestrutura e nos projetos e programas de inclusão social. E isso só com democracia, coordenação federativa e governança. Hoje, 55,4% do governo federal padecem de governança. Deve-se substituir políticos que trabalham somente para os seus partidos por cidadãos-políticos que trabalham para a nação.

É necessário mais que um pacto político. Conforme já disse, seja pelos gastos diretos efetuados nas diversas políticas públicas, seja no papel de regulador, o Estado interfere diretamente no sucesso da nação. Por essa razão, tenho defendido Brasil afora que necessitamos também de um pacto pela governança e um pacto federativo.

Pacto político: o parlamentarismo seria um caminho para o Brasil?

O pacto político, com a onda de gravações secretas e delações premiadas, que colocam em xeque nosso sistema político a cada momento, poderia até soar como um grande conchavo. O que o Brasil necessita, mais do que nunca, é de uma reorganização de forças para abrigar os 35 partidos (3 criados em 2015), quase 30 representados no Congresso Nacional.

É um número muito grande que resulta em uma articulação política extremamente difícil de ser feita. A agenda política quase sempre se sobrepõe à agenda de governo. Os interesses coletivos podem estar sendo deixados de lado em detrimento de grupos privados. Nesse caso, a dificuldade com a governabilidade pode atrapalhar a boa governança.

Penso que está na hora de pensarmos seriamente na alternativa do parlamentarismo. Sempre fui um defensor ardoroso dessa ideia, por desacreditar em "salvadores da pátria" para enfrentar os problemas da nação. Especialmente neste momento delicado que atravessamos, uma discussão aprofundada sobre nossa crise política deve levar em conta as vantagens do parlamentarismo.

Diferente do presidencialismo, que vigora no Brasil, o sistema parlamentarista tem a chefia do Estado, que cabe ao presidente da República, eleito pelo voto direto e com mandato fixo, e a chefia do governo, que é exercida pelo primeiro-ministro.

O presidente indica o primeiro-ministro, que escala a equipe ministerial e submete ao Congresso um programa de ação, a ser aprovado pela maioria. Quando o país passa por momentos conturbados como os de agora, com um voto de desconfiança derruba-se o primeiro-ministro e sua equipe, e o presidente negocia a formação de um novo governo com o parlamento. Há ainda a possibilidade de o presidente dissolver todo o parlamento e convocar novas eleições gerais.

Para funcionar, no entanto, e produzir mais estabilidade em nossas relações de poder, o novo sistema, caso se mostre viável, deve resultar de uma discussão ampla com a sociedade, para que não seja apenas uma solução transitória para derrubar um governo fraco, sem respaldo popular. Em um parlamentarismo de verdade, os parlamentares devem dividir os ônus e pagar os custos de um mau governo. Assim, a tendência é que todos empurrem o país rumo ao desenvolvimento.

A despeito, porém, de possibilitar que crises políticas semelhantes à atual sejam resolvidas mais facilmente, com uma rápida demissão do governo em um voto de desconfiança, há também problemas no parlamentarismo que devem ser previstos e administrados para que sua implantação seja eficiente. Um dos principais entraves à sua implementação no Brasil hoje está relacionado aos partidos políticos, que precisariam ter programas claros e identificáveis pelo eleitor. Conforme dissemos há pouco, isso não acontece no múltiplo partidarismo brasileiro, onde as dezenas de siglas não conseguem ter e transmitir essa informação aos cidadãos.

Ainda assim, não podemos desistir da ideia. Hoje países desenvolvidos como a Alemanha, Áustria, Bélgica, Islândia e Itália praticam esse sistema de governo. Outros, como a França, Rússia, Portugal e Romênia, são semipresidencialistas, dispondo de um presidente com mais poderes executivos do que teria no parlamentarismo e de um primeiro-ministro. Seja de uma forma ou de outra, o Brasil precisa encontrar um caminho mais seguro para o seu sistema político.

Pacto Federativo

Desde a proclamação da República nosso país é uma federação, ou seja, há um governo central e governos próprios de cada estado-membro (Goiás, Minas Gerais, Rio Grande do Sul, Piauí, entre outros). A autonomia política e econômica dos estados variou desde o início de nosso federalismo. Durante o período militar (1964-1985), houve uma ampliação dos poderes da União (representada pelo governo federal), sobretudo no que se refere às finanças. O governo central controlou mais a arrecadação e ficou com a maior parte do bolo nesse período. No campo político, também houve enfraquecimento dos estados com os atos institucionais baixados pelos militares, especialmente o Ato Institucional 5 (AI-5), datado de 1968, que, na prática, eliminaram a Federação, pois depositavam inúmeros poderes nas mãos do governo central.

Com a volta da democracia, o Federalismo foi restabelecido. A Constituição de 1988 ampliou as competências dos estados-membros e estabeleceu um papel de destaque para os municípios, além de conceder autonomia ao Distrito Federal.

O preceito constitucional que prevê a construção da República Federativa do Brasil por meio da união indissolúvel dos estados e municípios e do Distrito Federal provocou a repartição da responsabilidade das diversas políticas públicas entre os diversos entes federados. Por esse motivo, é essencial uma atuação harmônica, coordenada, eficiente e articulada entre todos esses atores.

A Constituição de 1988 estabeleceu parâmetros equilibrados ao definir as funções e as fontes de recursos dos entes federados. Desde então, o país retrocedeu e diversas modificações foram sendo feitas, criando muita confusão sobre os papéis dos entes federativos e, por consequência, da origem dos recursos para custear as atividades do aparato estatal, seja no âmbito municipal, estadual ou nacional.

Para que a harmonia federativa seja restabelecida, acreditamos que é preciso um constante diálogo, um pacto federativo. Pensamos que é necessário reequilibrar as atribuições e os recursos destinados para os entes federados. A confusão está de tal forma instaurada que os cidadãos não sabem de quem cobrar. Na saúde, por exemplo, a má qualidade no atendimento, as intermináveis esperas para os tratamentos de urgência, para exames e até mesmo para os casos envolvendo risco de vida caem na conta de todos e de nenhum governante ao mesmo tempo.

No campo da educação, as atribuições são mais claras, mas há questões a serem resolvidas. O piso nacional do magistério é uma delas. Criado por lei federal, a obrigação de pagar afeta a todos os entes, sem estabelecer de onde vem o dinheiro. Há outras questões críticas na segurança pública, por exemplo, que demandam um pacto urgente para evitarmos situações generalizadas de mau atendimento à população.

Por crermos firmemente na necessidade de um pacto federativo como um caminho necessário para mudanças pretendidas por nossa sociedade, priorizamos no TCU, desde minha gestão como presidente da Casa, os trabalhos coordenados com os tribunais de contas localizados nos estados.

Por meio de trabalhos diversos, restou comprovado que o sistema de tribunais de contas do Brasil pode contribuir de modo significativo no processo de aperfeiçoamento do Estado, identificando questões críticas, os chamados "gargalos", existentes em áreas estratégicas do país que prejudicam o nosso desenvolvimento, bem como da apresentação de contribuições que visem solucioná-las. Essa experiência exitosa de trabalho coordenado reforçou a certeza que tínhamos de que um pacto federativo pode amenizar os desafios postos ao nosso desenvolvimento.

Pacto pela boa governança

Os pactos político e federativo são imprescindíveis e sua viabilização tende a pavimentar um caminho mais seguro para um grande pacto nacional em prol da boa governança pública. Países que apresentam bons sistemas de governança possuem melhor nível de confiança político, econômico e social e acabam por atrair maior volume de recursos para investimentos internos e externos.

Neste contexto, destaca-se no cenário internacional a relevância da atuação dos órgãos de controle externo, como o TCU, no papel de analisar de forma independente as prestações de contas, não apenas sob o prisma da legalidade e conformidade, mas também na verificação do cumprimento dos propósitos estabelecidos.

A partir de 1991, a governança passou a ser tema de profundo interesse do Banco Mundial, que advoga que "boa governança e instituições fortes e responsáveis são elementos fundamentais para a redução da pobreza e construção de um desenvolvimento eficaz e sustentável".

Conforme já dissemos, em 2013, quando decidimos adotar a melhoria governança como uma de nossas principais diretrizes estratégicas, tínhamos no TCU uma gama considerável de trabalhos que indicavam a necessidade do aperfeiçoamento das estruturas e das práticas de governo para que as causas de problemas comuns e repetitivos em nossas sessões semanais no Tribunal pudessem ser atacadas.

Ao terminar minha gestão como presidente do Tribunal, em dezembro de 2014, havíamos evoluído tanto nos diagnósticos das causas estruturantes de nossas mazelas que os indícios de mau direcionamento, avaliação e monitoramento dos gestores e das políticas públicas foram se desenhando nitidamente a cada grande trabalho. A firme convicção que tínhamos, de que a governança pública era um desafio primário, que permeava todos os demais, tornou-se uma certeza em minha mente.

Com nosso desempenho em trabalhos de grande relevância sobre o tema, adquirimos ainda uma liderança natural para articularmos um grande pacto nacional pela boa governança pública. Atento a isso, coordenei, como presidente do TCU, em conjunto com os demais tribunais de contas do Brasil, a Associação dos Membros dos Tribunais de Contas do Brasil (ATRICON) e o Instituto Rui Barbosa, um grande estudo que mapeou os grandes desafios nacionais e locais.

Em novembro de 2014, como já colocado anteriormente, foi entregue aos governantes eleitos um "Retrato do Brasil" – estudo contendo os principais gargalos ao desenvolvimento das políticas de educação, saúde, infraestrutura, segurança e previdência. Outras organizações importantes de nossa sociedade, como as confederações patronais e dos empregados e os conselhos de fiscalização profissional, apresentaram trabalhos semelhantes.

Com essa conjugação de esforços e a disponibilidade demonstrada pelas nossas lideranças em manter um diálogo propositivo, estava lançado o embrião do grande pacto nacional pela governança pública que tanto sonhara. O evento, que contou com a presença do Presidente ainda interino Michel Temer representando o governo federal, foi amplamente divulgado na mídia, enfatizando a importância da discussão dos gargalos brasileiros. A matéria publicada no jornal O Estado de São Paulo, reproduzida adiante, destaca o valor dos debates e resume os grandes desafios apresentados.

No final de 2016, embora o diagnóstico que apresentamos no final de 2014 ainda continuasse valendo,[18] mergulhamos fortemente em uma crise composta por aspectos explosivos, como recessão econômica, ameaça inflacionária, queda ainda mais acentuada dos investimentos públicos e privados e o crescimento do desemprego, questão que havia sumido do radar de nossas dificuldades (estamos chegando à marca de 14 milhões de pessoas desempregadas).

Com esse cenário, desafios como a estabilidade fiscal e a racionalidade dos gastos públicos principais ganham nova prioridade. Como uma das principais despesas públicas da atualidade, a previdência social deve ser repensada e o combate à corrupção sistêmica, embora histórica, ganha ares de urgência. As despesas com juros também merecem um debate nacional e um maior entendimento sobre as causas que levam o Brasil a pagar a maior taxa do mundo e, ainda assim, conviver com índices inflacionários acima da média dos países desenvolvidos e das metas estabelecidas pelo governo.

Trataremos no próximo ponto desses urgentes desafios, alertando, no entanto, que a preocupação com essas questões, embora natural neste momento, não pode representar um risco de serem relegados a segundo plano os grandes desafios da infraestrutura nacional, de nossa raquítica inovação tecnológica e nossa monumental desigualdade, questões tratadas detalhadamente no livro *Governança Pública: o desafio do Brasil.*

> O ESTADO DE S. PAULO 25 Novembro 2014
> Vem em boa hora a iniciativa do Tribunal de Contas da União (TCU) de reunir num estudo os desafios que a administração brasileira tem de enfrentar, quando os governantes eleitos precisam traduzir os discursos eleitorais em políticas públicas efetivas. O relatório Pacto pela Boa Governança: um retrato do País foi elaborado a partir de contribuições dos diversos tribunais de contas a respeito de cinco áreas saúde, educação, previdência social, segurança pública e infraestrutura e apresenta um diagnóstico atual dos principais gargalos do País.
> O TCU reconhece que, desde a redemocratização, o País vem apresentando uma série de avanços nos campos institucional, econômico e social. O tribunal ressalta, no entanto, que ainda existem grandes desafios para o Brasil em seu caminho rumo a um desenvolvimento econômico

[18] Relatórios completos disponíveis em: http://portal.tcu.gov.br/retratodobrasil/home.htm. Acesso em 17 mai. 2017.

e social mais pleno e que "esses desafios estão relacionados à atuação do Estado, por seu protagonismo em nosso processo de crescimento, seja no papel de regulador, de prestador de serviços ou de investidor".

Em relação à *segurança pública*, o TCU constata que os três principais problemas são a ausência de formalização da política nacional de segurança pública, a falta de integração entre os diversos órgãos de segurança pública e a vulnerabilidade da fronteira brasileira. Sobre este último ponto, relata-se a existência de "um descompasso na aplicação dos recursos conforme o planejado".

Na área de *previdência social*, o TCU não poupa palavras. Após ponderar sobre os resultados dos anos de 2011 a 2013, nos quais se observa um gradual aumento das despesas para fazer frente ao pagamento a mais de 27 milhões de beneficiários passou-se de 0,86% do Produto Interno Bruto (PIB) a 1,05% do PIB, com um déficit anual na casa dos R$50 bilhões, o tribunal faz ver a urgência de algumas medidas para a sustentabilidade do Regime Geral de Previdência Social. O TCU alerta ainda para a ausência de registro dos passivos atuariais dos regimes da previdência social no Balanço Geral da União e para o risco de descontinuidade da operação do INSS.

No amplo campo da *saúde*, o tribunal indica que a gestão dos recursos humanos e materiais merece atenção prioritária por parte dos governantes, já que as fiscalizações dos diversos tribunais de contas têm continuamente encontrado problemas em comum, como, por exemplo, deficiências no planejamento das ações de saúde. Segundo o TCU, outro importante campo é a melhora na regulação dos preços de medicamentos. Numa comparação envolvendo os 50 fármacos mais comercializados em 2010, em 43 deles o País possuía um preço registrado acima da média internacional e, para 23 dos 50 medicamentos, o Brasil registrara o maior preço entre os países pesquisados.

Em relação à *educação*, o relatório aponta além das persistentes desigualdades entre os diversos estratos da sociedade brasileira três graves problemas: deficiências na rede pública de educação infantil, falta de definição de padrões mínimos de qualidade para o ensino médio e evasão na educação profissional. Chamando a atenção para o fraco desempenho dos alunos brasileiros no Programa Internacional de Avaliação de Estudantes (Pisa), o TCU ressalta que "a melhoria da qualidade da educação brasileira requer, na prática, associar o acesso e a frequência das pessoas à escola com o efetivo aprendizado pelo aluno". Já é hora de trabalhar pela qualidade, ultrapassando um padrão meramente quantitativo.

O último capítulo, dedicado à *infraestrutura*, lista problemas não pequenos: planejamento deficiente e baixa qualidade dos projetos de infraestrutura, deficiência na governança das agências reguladoras, inadequação da infraestrutura de escoamento da safra agrícola brasileira, além dos atrasos na implantação dos empreendimentos de geração e de transmissão de energia elétrica.

Como se vê, a síntese dos desafios brasileiros apresentada pelo TCU não traz propriamente novidades, mas nem por isso é menos útil. Sempre é bom recordar para que cada governante defina responsavelmente as suas prioridades os principais problemas que atravancam o desenvolvimento nacional.

Superar a crise de confiança – O desafio do momento

Em artigo publicado no jornal *Correio Braziliense*, destaquei a importância de os governos submeterem-se a princípios básicos na condução do país e das políticas públicas. Afirmei que é a obediência a princípios como equilíbrio das contas públicas, planejamento, transparência, controle e prudência, que dá aos governos o combustível da confiança, necessário para movimentar a embarcação do progresso.

Em minhas palestras também ressalto que a crise atual é fruto de um ciclo vicioso, onde o alto patamar das despesas públicas, aliado à persistente inflação acima da meta e o baixo investimento, cria uma crise de confiança que realimenta esse ciclo, dificultando a queda das taxas de juros, aumentando nosso endividamento, reduzindo ainda mais o investimento e dificultando o crescimento econômico.

Na análise das Contas da presidente Dilma Rousseff de 2014, ficou evidenciada a importância da Lei de Responsabilidade Fiscal (LRF), editada com o objetivo central de estabelecer comportamentos, diretrizes e regras norteadores de uma gestão fiscal responsável e equilibrada, visando ao monitoramento do nível da expansão das despesas e do endividamento público. O que se viu em 2014 foi uma afronta aos princípios, objetivos e comportamentos adotados pela LRF. De lá para cá, a população assiste ao crescimento da crise política e econômica.

Ficou demonstrado nas contas de 2014, conforme vimos em capítulo anterior, o uso contínuo e reiterado de bancos estatais como "financiadores" de políticas públicas, contrariando vedação expressa da LRF. Com isso, foram prorrogados os pagamentos de despesas, dando maior margem de manobra ao governo para fazer novos gastos. Para agravar a situação, as dívidas não foram registradas pelo Banco Central, comprometendo a transparência e a confiabilidade dos números da Dívida Líquida do Setor Público (DLSP) e dificultando a capacidade dos órgãos de controle, como o TCU, de identificar as irregularidades.

Os reflexos fizeram-se sentir fortemente em 2015. A população teve que se adequar, cortando boa parte de suas despesas. O consumo das famílias teve queda de 4,0% em 2015, resultado bem diferente do verificado em 2014, quando houve crescimento de 1,3%. O governo, no entanto, não fez o seu dever de casa. A redução de suas despesas não passou de 1,0% ao final de 2015, bem menor que o sacrifício das famílias.

Por não conseguir executar uma política fiscal prudente e conservadora, conforme prescreve a LRF e o bom senso, o superávit primário, que é a economia que o governo faz para pagar uma parte de suas dívidas, acabou não ocorrendo. O que vimos foi o contrário, um déficit que chegou a 1,88% do PIB em dezembro de 2015. Ou seja, além de não economizar nada para pagar os juros, o governo teve que se endividar mais para pagar as demais despesas, turbinando seu nível de endividamento.

Isso agravou o cenário de dificuldades. As empresas pararam de investir e as famílias, ao perderem a confiança no futuro, restringiram seus gastos, cortando o que não era essencial. Isso, na verdade, é o que o governo deveria ter feito, já desde 2014, mas não fez. E não fez também em 2015. Ao adiar o "aperto do cinto", repetiu os erros de 2014 também no ano subsequente.

Conforme comentou o ministro do TCU José Múcio Monteiro, em sua análise das contas da presidente de 2015, houve um total insucesso do governo federal na condução de uma política macroeconômica capaz de assegurar a estabilidade necessária para o avanço da economia brasileira. O governo da presidente afastada Dilma Rousseff, na prática, abandonou desde 2009 a política que vinha sendo adotada, alinhada com o chamado tripé macroeconômico: ajuste fiscal, sistema de metas de inflação e flexibilização cambial por meio da adoção de câmbio flutuante. Tais medidas contribuíram para o crescimento econômico verificado no País a partir do ano 2000.

Ao afastar-se do tripé, o governo optou pela expansão dos gastos. Esse distanciamento do senso econômico comum provocou graves efeitos colaterais: a volta da inflação ao patamar de dois dígitos; a deterioração das contas públicas; a redução da capacidade de expansão dos investimentos públicos e privados; o excesso de endividamento do governo, das famílias, e das empresas; e, o pior deles, o desemprego, que coloca os trabalhadores e suas famílias em sérias dificuldades.

As consequências do caminho alternativo tomado pelo governo foram retratadas pelo ministro Múcio nas contas de 2015. Começando pela inflação medida pelo IPCA, tivemos uma alta de 10,67%, ficando acima da meta de 4,5% e superando bastante também o teto da meta, estipulado em 6,5%. O teto seria um limite máximo de prudência, acima do qual um governo de um sistema parlamentarista seria deposto.

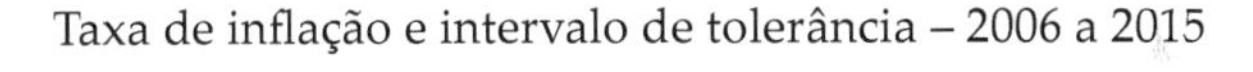
Taxa de inflação e intervalo de tolerância – 2006 a 2015

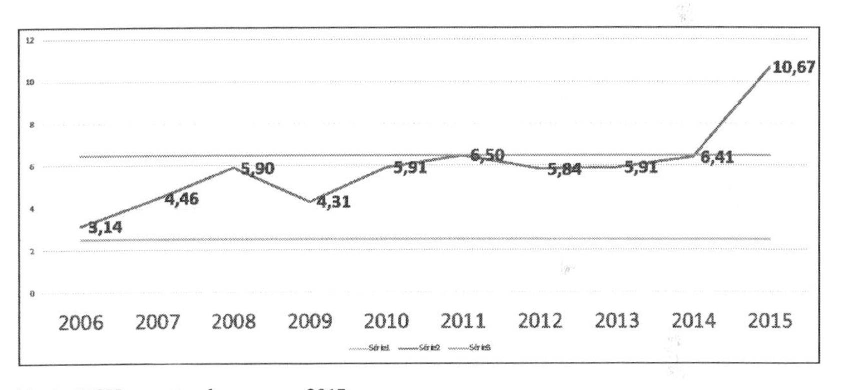

Fonte: TCU – contas de governo 2015.

A alta taxa de inflação no Brasil em 2015, infelizmente, não ocasionou redução do desemprego, em contraposição à vertente da teoria macroeconômica que preconiza uma relação inversa entre inflação e desemprego, pois nesse exercício houve um sensível aumento da taxa de desocupação, que finalizou o ano em 6,9%, culminando na perda de mais de um milhão e meio de postos de trabalho com carteira assinada. Houve, também, uma redução do rendimento médio real, que fechou 6,7% inferior ao ano de 2014 e se aproximou do nível de 2011.

O desempenho da produção interna brasileira também foi ruim, com o PIB variando em menos 3,8% em relação a 2014, o que representou a pior performance desde 1990. Além do péssimo desempenho verificado, o planejamento governamental continuou falho. A exemplo dos anos anteriores, o governo foi excessivamente otimista, pois, no primeiro semestre de 2014, o governo projetava um crescimento real do PIB de 3% para 2015. Mesmo em dezembro de 2014, quando teve oportunidade de revisar a meta com uma projeção mais realista, a inflação foi prevista em 0,8%, bem distante da realidade.

Entre os países que compõem o Grupo das 20 maiores economias do mundo (G20), observou-se que o crescimento do PIB brasileiro ficou em último lugar, atrás, inclusive, do PIB da Rússia, que teve 3,7% de retração. Esse país, ao longo de 2015, segundo o voto do relator, foi afetado por reveses mais drásticos do que os sofridos pelo Brasil, na medida em que se envolveu em conflito com a Ucrânia, sofreu retaliações dos países ocidentais, foi considerado de alto risco pelos investidores estrangeiros e teve, ainda, perda de receita de exportações provocada pela queda do preço do petróleo.

A queda no PIB brasileiro, mostrada no gráfico a seguir, foi fortemente influenciada pelo declínio nos investimentos produtivos em 14,1%, em 2015, em função, principalmente, da redução da produção interna de máquinas e equipamentos e do baixo desempenho do setor da construção civil. Concordo com o ministro Múcio que esse comportamento do investimento gera uma perspectiva não muito favorável em relação ao tempo de reação da economia brasileira, o que indica que a retomada será longa e trabalhosa.

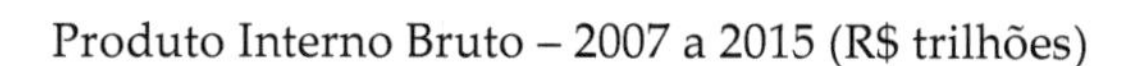
Produto Interno Bruto – 2007 a 2015 (R$ trilhões)

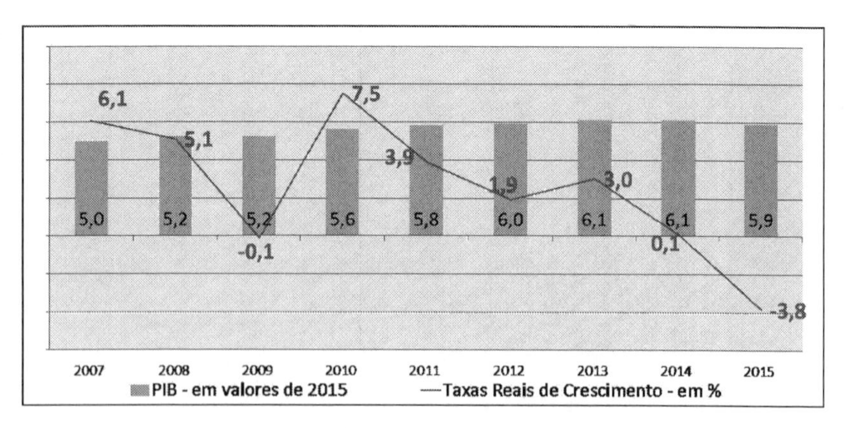

Fonte: TCU – contas de governo 2015.

Temos, assim, um cenário altamente desfavorável, com recessão, inflação acima da meta, desemprego e crise de confiança, num momento de complexa crise política. Medidas urgentes são requeridas para que o país recupere a confiança das famílias e dos investidores internos e internacionais, de modo que volte a crescer e a gerar empregos.

O primeiro passo, penso que há um consenso sobre isso, é estabelecer uma trajetória sustentável para a evolução da dívida pública. Nossa dívida não é uma das mais altas do planeta, mas está acima da dívida de países em desenvolvimento com classificação de risco semelhante à nossa, exceto a Índia.

Além disso, a conjugação de tendência de crescimento do endividamento, como mostra o gráfico a seguir, com uma das mais altas taxas de juros do planeta, faz com que nossa dívida pública se torne um em elemento concreto para despertar a desconfiança geral.

A seguir temos a evolução da Dívida Líquida do Setor Público (DLSP), da Dívida Bruta do Governo Geral (GDBGG) e da Dívida Pública Federal (DPF), em % do PIB (2002-2015).

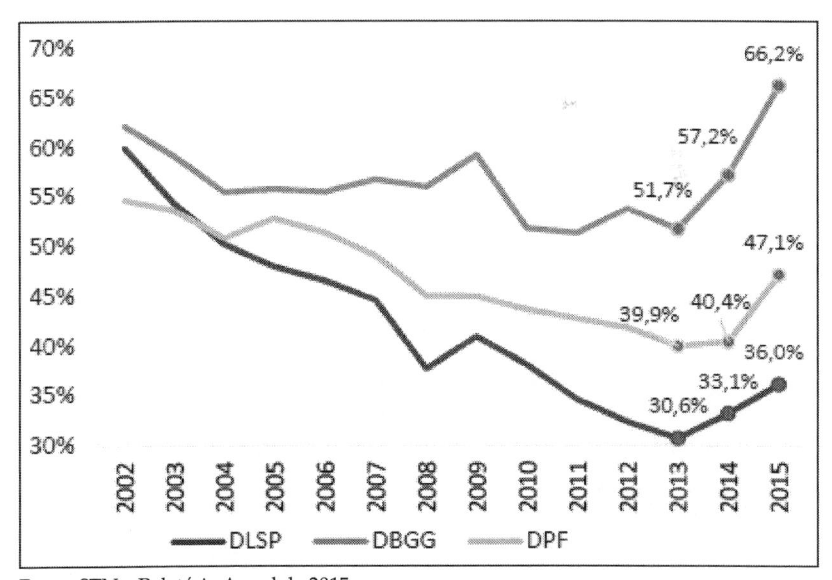

Fonte: STN – Relatório Anual de 2015.

Para superarmos essa desconfiança, além de reduzir os gastos públicos, temos outro desafio extremamente urgente: reduzir a taxa de juros paga aos credores. Nossos gastos públicos, no entanto, têm uma composição que dificulta grandemente os cortes audaciosos, capazes de trazer reduções significativas em nosso nível de endividamento.

Corte de gastos

Na tabela a seguir apresentamos uma composição dos gastos do governo central (que considera o Banco Central nas despesas federais) e separamos as despesas entre obrigatórias e discricionárias (aquelas que podem ser cortadas livremente pelo governo). Podemos verificar que há pouca margem para cortes, uma vez que as despesas discricionárias representavam, em 2015, apenas 20,9% do total.

É muito difícil reduzir rapidamente despesas indexadas como as da seguridade social, do Fundo de Amparo ao Trabalhador – FAT e do seguro-desemprego. Mesmo que tenham crescimento real perto de zero para quem recebe, com o PIB em queda, as despesas sobre ele aumentam, o que agrava o desequilíbrio fiscal. É muito difícil, numa conjuntura de queda de PIB, fazer ajuste fiscal muito forte a curto prazo.

Despesas do Governo Central (2014-2015) R$ milhões

DESPESAS	2014	2015	% de 2015
BenefícBenefícios Previdenciários	**447.412**	**453.692**	**37,7%**
Pessoal e Encargos Sociais	**252.576**	**248.315**	**20,6%**
Outras Despesas Obrigatórias	**186.822**	**250.617**	**20,8%**
Abono e Seguro Desemprego	61.131	49.491	4,1%
Auxílio CDE	10.481	1.377	0,1%
Benefícios de Prestação Continuada da LOAS/RMV	43.814	44.365	3,7%
Complemento do FGTS (LC nº 110/01)	1.012	17.196	1,4%
Desoneração MP 563	20.472	26.437	2,2%
Fundo Constitucional DF	1.381	7.384	0,6%
LEJU/MPU	11.832	12.270	1,0%
Subsídios, Subvenções e PROAGRO	4.953	54.331	4,5%
Demais	31.746	37.766	3,1%
Despesas Discricionárias Executivo	**293.011**	**251.779**	**20,9%**
PAC	65.724	48.999	4,1%
Demais	227.287	202.780	16,8%
TOTAL	**1.179.821**	**1.204.403**	**100,0%**

Fonte: Secretaria do Tesouro Nacional (STN) – Relatório Anual de 2015.

Os cortes nos investimentos públicos, como os do Programa de Aceleração do Crescimento – PAC (de R$65 bilhões para R$49 bilhões), reduziram a capacidade de crescimento do País, agravando a situação de recessão econômica à época.

Comenta-se muito sobre o inchaço da máquina pública, e realmente ela é muito maior do que deveria ser, mas um corte substantivo nesse quesito é de difícil execução, pois trata-se de uma despesa que já vem sendo reduzida, quando comparada com o PIB brasileiro.

Neste período, houve uma indignação na sociedade, pelos reajustes concedidos pelo governo a algumas categorias de servidores públicos. Entretanto, tais reajustes, concedidos em patamares abaixo dos índices inflacionários, estavam aderentes à nova diretriz de limitar os gastos aos valores do ano anterior, corrigidos pela inflação. E temos que concordar que um congelamento de salários, capaz de inflamar de forma generalizada a categoria, não interessava no momento já conturbado do País.

Um olhar mais atento para os gastos com o custeio do governo nos mostra que o que cresceu mais significativamente nos últimos quatorze anos foi a despesa com benefícios assistenciais e demais auxílios a pessoas físicas, estudantes e pesquisadores, além dos auxílios para servidores públicos.

De estudo realizado pelo Instituto de Pesquisa Econômica Aplicada – Ipea,[19] extraímos a tabela a seguir, que apresenta o detalhamento desses gastos e mostra que, além dos benefícios que compõem o Bolsa Família e os programas que o antecederam, como o Bolsa Escola, Bolsa Alimentação, Auxílio-Gás e Fome Zero, outros auxílios e bolsas foram criados ou ampliados nos últimos anos, seja os de natureza assistencial, seja os de remuneração de serviços e estudos – bolsas do Programa Nacional de Acesso ao Ensino Técnico e Emprego – Pronatec e do Ciência Sem Fronteiras. Esses auxílios cresceram de R$1,4 bilhão, ou 0,10% do PIB em 2001, para R$43,1 bilhões, ou 0,73% do PIB em 2015, e explicam parte significativa

---

[19] GOBETTI, Sérgio Wulff; ALMEIDA, Vinícius Lima de. *Uma radiografia do gasto público federal entre 2001 e 2015*. *Ipea*, Rio de Janeiro, 2016. Disponível em: http://www.ipea.gov.br/portal/images/stories/PDFs/TDs/td_2191.pdf. Acesso em 17 mai. 2016.

da expansão do gasto de custeio no período. Outra despesa com custeio que chama a atenção refere-se ao aumento dos auxílios pagos diretamente a servidores públicos como complemento ao salário, os quais perfazem 0,19% do PIB atualmente.

Embora tenhamos assistido em 2015 a um congelamento do valor do Bolsa Família e redução do valor de alguns programas assistenciais, como o Bolsa Atleta, o Bolsa Alfabetização, o Auxílio-Desastre, o Fundo Garantia-Safra, além do auxílio a pesquisadores, tais cortes acabaram sendo insuficientes para conter os gastos em proporção ao PIB.

Como se vê, a tarefa de cortar despesas não é fácil. Mas pode chegar um ponto em que o governo terá que fazer sacrifícios até mesmo nos importantíssimos programas sociais e realizar mudanças muito mais céleres do que vem fazendo. Em países que passaram por crises fiscais sérias, como Grécia, o governo teve que cortar gastos com previdência, reduzindo benefícios de aposentados. Se chegarmos a uma situação de desequilíbrio fiscal mais agudo, o governo será forçado a não corrigir nem mesmo o salário mínimo. Há estados em dificuldades, como o Rio Grande do Sul e Rio de Janeiro, em que o pagamento de servidores e aposentados estão sendo atrasados.

Despesas do governo central com auxílios (2001-2015) R$ milhões

Ações	2001	2002	2003	2004	2005	2006	2007	2008	2009	2010	2011	2012	2013	2014	2015
Bolsa Família e antecedentes	493	2.276	3.252	5.457	6.386	7.442	8.759	10.473	11.734	13.567	16.644	20.530	23.997	26.126	26.415
Bolsa Escola	493	1.540	1.564	-	-	-	-	-	-	-	-	-	-	-	-
Bolsa Alimentação	-	118	318	33	-	-	-	-	-	-	-	-	-	-	-
Auxílio-Gás	-	617	774	26	-	-	-	-	-	-	-	-	-	-	-
Fome Zero	-	-	595	19	0	-	-	-	-	-	-	-	-	-	-
Bolsa Família	-	-	-	5.379	6.386	7.442	8.759	10.473	11.734	13.567	16.644	20.530	23.997	26.126	26.415
Outros auxílios	11	156	214	96	203	232	406	592	1.501	2.329	1.676	1.710	4.535	5.180	3.157
Bolsa Criança Cidadã e Peti	1	4	44	-	59	22	37	36	24	21	21	8	7	5	5
Bolsa Verde	-	-	-	-	-	-	-	-	-	-	-	-	51	77	87
Bolsa Atleta	-	-	-	-	2	11	12	25	35	47	50	75	105	191	89
Bolsa Alfabetização	-	-	-	-	0	-	13	100	213	334	289	220	236	332	192
Bolsa de Volta para Casa	-	-	-	-	-	-	-	9	13	14	14	16	18	21	22
Bolsa Jovens Vulneráveis	-	-	-	-	3	8	16	-	-	-	-	-	-	-	-
Bolsa Formação de Policiais	-	-	-	-	-	-	-	-	615	794	568	163	7	-	-
Fundo Garantia-Safra	-	-	33	29	40	57	186	89	100	340	119	433	1.196	859	438
Auxílio-Desastre	-	-	-	-	59	0	-	-	-	-	-	367	957	580	-
Demais	11	152	137	66	41	135	142	333	502	779	614	427	1.957	3.114	2.324
Bolsa a estudantes	760	897	1.009	1.151	1.145	1.265	1.432	1.605	1.838	2.326	3.098	4.482	5.115	6.306	8.863
Auxílio a pesquisadores	118	115	145	224	251	254	387	415	493	656	528	662	720	804	550
Bolsa Ciência sem Fronteiras	-	-	-	-	-	-	-	-	-	-	-	191	1.493	1.774	1.802
Bolsa Pronatec	-	-	-	-	-	-	-	-	-	-	0	65	249	878	2.327
Subtotal (A)	**1.382**	**3.443**	**4.620**	**6.928**	**7.984**	**9.194**	**10.984**	**13.084**	**15.566**	**18.878**	**21.947**	**27.640**	**36.110**	**41.067**	**43.115**
Auxílio a servidores (B)	1.964	2.119	2.413	2.649	2.985	3.275	3.518	3.905	4.230	5.870	6.269	6.695	9.996	10.662	11.432
Alimentação	768	888	1.009	1.222	1.409	1.585	1.664	1.724	1.892	3.073	3.240	3.451	4.667	4.585	5.245
Transporte	349	315	393	361	439	493	485	630	636	686	748	765	768	748	853
Assistência médica	641	727	816	899	967	1.024	1.200	1.352	1.486	1.869	2.016	2.174	4.128	4.769	4.714
Creche	206	189	196	167	171	172	169	199	215	242	264	305	337	365	404
Demais	-	-	-	-	-	-	-	-	-	-	-	-	94	193	215
Total (A+B)	**3.346**	**5.562**	**7.033**	**9.577**	**10.969**	**12.469**	**14.502**	**16.990**	**19.796**	**24.748**	**28.216**	**34.336**	**46.106**	**51.729**	**54.547**

Fonte: Ipea – Uma Radiografia do Gasto Público Federal entre 2001 e 2015.

No caso de gastos com saúde e educação, indexados à receita, em períodos em que ela cresce muito, há uma tendência de acompanhar esse crescimento. Quando evidencia-se uma queda, o governo não consegue reduzir os gastos na mesma proporção e cria-se um desequilíbrio. No meu estado, o Rio Grande do Sul, se o governo quiser arrecadar R$100,00 a mais para pagar a dívida ou fazer investimentos, vai ter que arrecadar na prática muito mais, R$170,00, em razão dessa vinculação. Assim, penso que, embora seja terrível gastar menos com saúde e educação, a desvinculação de receitas que está sendo feita pelo governo pode ser uma das nossas poucas saídas.

Daí a importância fundamental da boa governança. Como demonstramos no livro *Governança Pública*: o desafio do Brasil, no qual fizemos uma análise das despesas como um todo, a melhoria da governança pode reduzir gastos e aumentar a qualidade dos serviços prestados na educação, saúde, segurança pública, mobilidade urbana, infraestrutura, meio ambiente, entre outras. Com mais qualidade no gasto, abre-se espaço para fazer mais e melhor mesmo com uma contenção das despesas como a que está sendo tentada agora.

No que se refere às despesas com juros e com a previdência, acredito que em ambos os casos, pelas consequências que podem ter na vida de milhões de brasileiros, os governos devem debater as alternativas com a sociedade e dar total transparência às causas e às soluções a serem enfrentadas. Transparência e discussão com a sociedade são dois elementos vitais da boa governança.

Na verdade, juros e previdência são as maiores despesas do orçamento público federal, razão pela qual qualquer redução percentual nessas duas despesas pode trazer reflexos consideráveis no resultado fiscal e reduzir a dívida.

Após um período de grandes despesas e recessão econômica grave, aos poucos foi se observando uma melhor reação das contas do Governo Central, que de 2018 para 2019, diminuiu suas despesas, como demonstra a tabela a seguir:

Brasil – Anual – 2018/2019– A preços de jul/19 - IPCA – R$ Milhões

Discriminação	Jan-Jul 2018	Jan-Jul 2019	Variação Diferença	Variação % Real (IPCA)
IV. DESPESA TOTAL	786.942,7	779.852,2	-7.090,5	-0,9%
IV.1 Benefícios Previdenciários	333.446,8	340.547,3	7.100,6	2,1%
Benefícios Previdenciários - Urbano	262.978,3	269.725,4	6.747,2	2,6%
Benefícios Previdenciários - Rural	70.468,5	70.821,9	353,4	0,5%
IV.2 Pessoal e Encargos Sociais	179.114,0	181.304,1	2.190,1	1,2%
IV.3 Outras Despesas Obrigatórias	128.961,3	124.943,4	-4.017,9	-3,1%
Abono e Seguro Desemprego	33.406,0	33.043,6	-362,4	-1,1%
Benefícios de Prestação Continuada da LOAS/RMV	34.201,9	34.930,2	728,3	2,1%
Complemento para o FGTS (LC nº 110/01)	3.125,6	3.279,7	154,1	4,9%
Créditos Extraordinários (exceto PAC)	213,9	2.770,1	2.556,2	-
Compensação ao RGPS pelas Desonerações da Folha	9.198,1	6.858,7	-2.339,4	-25,4%
Fundeb/Fundef - Complementação da União	9.454,8	9.942,1	487,3	5,2%
Legislativo/Judiciário/MPU/DPU (Custeio e Capital)	7.262,3	6.182,4	-1.079,9	-14,9%
Sentenças Judiciais e Precatórios (Custeio e Capital)	13.772,0	14.444,8	672,8	4,9%
Subsídios, Subvenções e Proagro	12.470,3	9.902,4	-2.567,9	-20,6%
Impacto Primário do FIES	2.167,8	1.219,1	-948,8	-43,8%
Demais	3.688,5	2.370,2	-1.318,3	-35,7%
IV.4 Despesas Sujeitas à Programação Financeira do Poder Executivo	145.420,6	133.057,3	-12.363,3	-8,5%
Obrigatórias com Controle de Fluxo	78.539,6	78.187,1	-352,6	-0,4%
Discricionárias	66.881,0	54.870,3	-12.010,8	-18,0%
Memorando:				
Outras Despesas de Custeio e Capital*	158.933,5	145.194,4	-13.739,1	-8,6%
Outras Despesas de Custeio	133.133,9	123.623,9	-9.510,0	-7,1%
Outras Despesas de Capital	25.799,6	21.570,5	-4.229,1	-16,4%

* Corresponde à despesa total, excluindo-se pessoal e encargos sociais, benefícios previdenciários, abono e seguro desemprego, subsídios e subvenções econômicas, LOAS/RMV, auxílio à CDE despesa com fabricação de cédulas e moedas e FIES.

No acumulado no ano de 2019 a despesa total diminuiu em termos reais (-0,9%). As principais variações foram:

- Benefícios Previdenciários **(+R$ 7,1 bi)**;
- Crédito Extraordinário (inclusive Diesel) **(+R$ 2,6 bi)**;
- Subsídios, Subvenções e Proagro **(- R$ 2,6 bi)**;
- Compensação ao RGPS pelas Desonerações da Folha **(- R$ 2,3 bi); e**
- Discricionárias **(-R$ 12,0 bi)**.

Fonte: Secretaria do Tesouro Nacional (STN) – Resultado do Tesouro Nacional – Julho de 2019.

Previdência Social

A previdência social tem a função de assegurar a manutenção da renda das pessoas de um país em situações específicas, como quando as mulheres têm seus filhos e recebem o salário-maternidade nos meses seguintes ao parto, ou quando os trabalhadores sofrem um acidente e recebem o auxílio-acidente enquanto estiverem incapacitados de exercer suas atribuições.

Mas o benefício mais conhecido e utilizado por todos é o da aposentadoria, que garante a manutenção da renda de quem contribuiu com a previdência e saiu do mercado de trabalho em razão da idade ou de incapacidade.

A previdência social é uma daquelas despesas de que falei no início desta obra, atribuídas ao Estado pela Constituição. Segundo a constituição, trata-se de um direito social e organiza-se em três regimes: Regime Geral da Previdência Social (RGPS); Regimes Próprios de Previdência Social (RPPS), para servidores civis e militares; e Regime de Previdência Complementar (RPC).

O total de recursos orçamentários alocados à função Previdência Social pelo governo federal no ano de 2015 (R$424 bilhões) representou a maior despesa, desconsiderando os gastos com juros e transferências.

Em se tratando do regime geral, a maior parte do dinheiro usado para financiar os benefícios vem da contribuição feita pelos trabalhadores, cerca de 75%. Entram ainda recursos de contribuição de empresas privadas e públicas. Hoje, no Brasil, o nível de gastos com o regime geral é menor que dos países europeus vinculados à OCDE (Organização para a Cooperação e Desenvolvimento Econômico).

Há que se considerar, no entanto, que hoje temos no país um percentual menor de idosos. Ainda desfrutamos do chamado "bônus demográfico", que se caracteriza por um período histórico em que se apresenta a melhor razão entre adultos em idade de trabalhar e as outras faixas etárias (crianças e idosos). Esse momento durará, segundo projeções do Instituto Brasileiro de Geografia e Estatística – IBGE e das Nações Unidas, menos de dez anos, quando o País começará a envelhecer progressivamente, tornando-se semelhante aos países desenvolvidos americanos ou europeus.

Segundo metodologia da ONU, no ano de 2020 tivemos 8 pessoas em idade produtiva para cada uma em idade inativa; em 2040, para cada 4 pessoas em idade produtiva, haverá uma em idade inativa; e entre os anos de 2020 e 2070 serão apenas duas pessoas em idade ativa para cada um em idade inativa.

Hoje a população brasileira apresenta estrutura etária em formato de "sino", mas a base da figura, que representa pessoas em idade produtiva, tende a se estreitar, até ficar igual a de países mais antigos, como os europeus ou o Japão, em formato de "vaso". Os dois gráficos a seguir, elaborados pelo IBGE, ilustram essa evolução.

Pirâmide etária absoluta – Brasil – 2012 e 2018

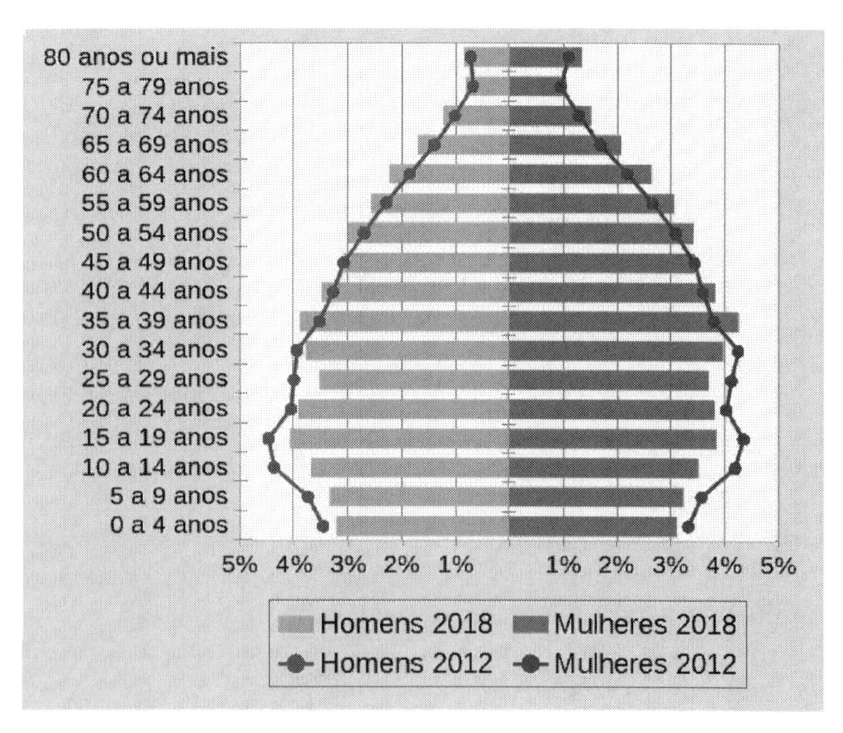

Fonte: IBGE.

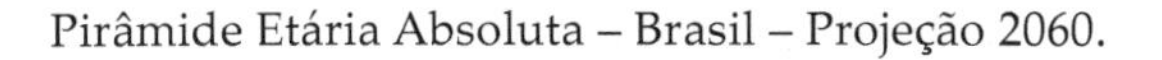

Pirâmide Etária Absoluta – Brasil – Projeção 2060.

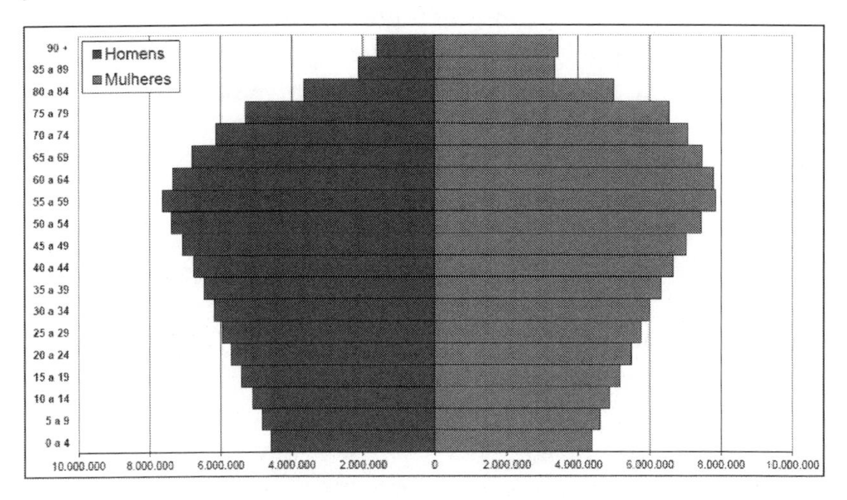

Fonte: IBGE.

Hoje, por exemplo, temos uma estrutura etária semelhante à da Grécia na década de 1980, e poderemos nos igualar à situação daquele país em trinta anos ou menos, o que é muito pouco tempo em se tratando de previdência.

Não é demais lembrar que a crise grega simplesmente levou o país a cortar o pagamento de aposentadorias e salários de ativos. A raiz dessa crise está em uma dívida de aproximadamente 320 bilhões de euros (mais de R$1 trilhão), que o país não tem condições de pagar. Durante muitos anos, mesmo antes de adotar o euro, em 2001, o país gastou bem mais do que arrecadava, e financiava os gastos através de empréstimos. O gasto público aumentou cerca de 50% entre 1999 e 2007, muito mais do que em outros países da zona do euro. Não podemos seguir esse exemplo e nos arriscar a conviver com déficits continuados aumentando nossa dívida pública. O Brasil não terá a União Europeia em seu socorro, como a Grécia está tendo.

Nosso sistema previdenciário, antes da reforma realizada em 2019, apresentava uma situação desconfortável, pois as contribuições eram insuficientes para cobrir as despesas, sendo necessário um complemento da União. Esse complemento, que se chama déficit da previdência, já representava um peso decisivo em nosso déficit fiscal como um todo, o qual elevava o nosso endividamento. Há controvérsias quanto à apuração desse déficit previdenciário, que veremos em tópico específico mais adiante, mas o déficit fiscal é inequívoco, seja ele derivado da previdência ou de outras causas.

Assim, o grande desafio de agora da nossa previdência está relacionado à sua sustentabilidade, já que vinha apresentando a cada ano déficits crescentes. Manifestei essa preocupação em minhas palestras e entrevistas. Destaco sempre que temos que tomar providências para estancar a sangria. O déficit da Previdência, em valores nominais, chegou a R$318,441 bilhões em 2019. Até 2012, o valor não passava de R$95,2 bilhões.

O aumento do desemprego afeta fortemente as contas da Previdência Social neste momento. Em 2015, a taxa do desemprego no país alcançou 8,5%, na média. Isso representa mais de 9 milhões de pessoas que perderam a carteira assinada, portanto, deixaram de contribuir com o sistema. No ano de 2016, a mesma a taxa subiu para 12%, com a soma de mais três milhões de trabalhadores nos bancos de reserva. Com isso, a previdência urbana teve o primeiro déficit desde o ano de 2008.

Esses fatores conjunturais somaram-se a outras causas do crescente déficit previdenciário, entres elas destacam-se o aumento da expectativa de vida (12,4 anos entre 1980 e 2013), a baixa taxa de fecundidade, o reajuste do piso dos benefícios (vinculado ao salário mínimo), o benefício rural não contributivo e a concessão de benefícios irregulares.

No gráfico a seguir é possível verificar a projeção dos déficits do RGPS em relação ao PIB (2014 a 2060), conforme apurado em avaliação atuarial. Em 2014 e 2015 fiz vários alertas à presidente Dilma e à sua equipe sobre a necessidade de registrar o passivo atuarial do conjunto desses déficits, que somavam, naquele momento, um montante de mais de R$1 trilhão. A preocupação era garantir transparência nas principais peças orçamentárias nacionais, para que o Parlamento e a sociedade tivessem clareza da importância da sustentabilidade do sistema.

Necessidade de financiamento do RGPS – 2014 a 2060 – % do PIB.

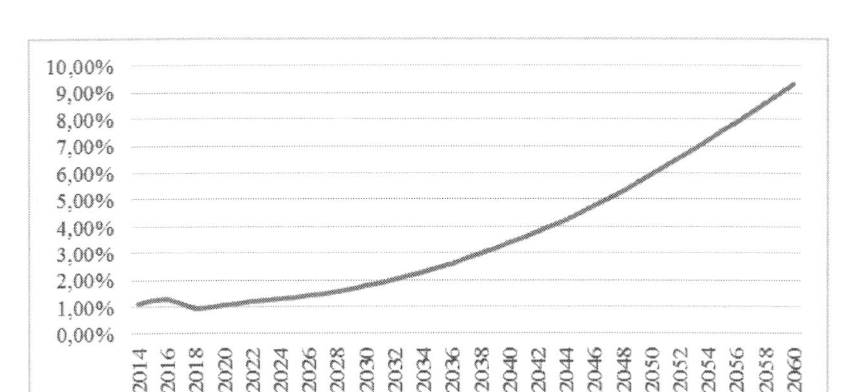

Fonte: Relatório de Projeções Atuariais do RGPS (PLDO e RREO).

No ano de 2015 presidi processo de auditoria[20] no TCU que, com o auxílio de um perito europeu contratado com suporte de projeto do Brasil com a União Europeia, realizou estudo para comparar o regime geral da previdência do Brasil com os regimes públicos de Portugal, Grécia, Polônia e Hungria.

As conclusões do trabalho merecem atenção dos governantes atuais e da sociedade, se quisermos evitar uma degeneração da situação da previdência de nossos filhos e netos. Alguns outros dados colhidos na auditoria são importantes para subsidiar estudos de reestruturação de nosso sistema previdenciário. É necessário tornar a nossa previdência autossustentável.

Na comparação com os países europeus avaliados em nossa auditoria, identificamos alguns caminhos para que isso ocorra. Há, por exemplo, divergências significativas no modelo brasileiro, como ausência de condicionalidades das pensões por morte e aposentadoria por tempo de contribuição (chamada na Europa de contribuição avançada), benefício que tem sido eliminado dos sistemas previdenciários europeus.

No Brasil, vemos uma grande participação das aposentadorias por tempo de contribuição na composição dos benefícios

[20] Acórdão nº 2.710/2015-Plenário.

previdenciários – 20% do total. Nos países europeus selecionados, a aposentadoria adiantada situa-se entre os 5,5% e 10,6%.

As Pensões por Morte são menores em todos os países europeus, comparados com o gasto no Brasil, tendo em vista o regramento excessivamente flexível da legislação brasileira quanto a esse instituto. No caso do benefício ao cônjuge sobrevivente – situação mais corriqueira do benefício – todos os países estudados apresentam condições rigorosas para a concessão, combinando o tempo de união do casal, idade do requerente e até mesmo, em diversos casos, limitando a duração do benefício, como forma de permitir uma transição razoável, mas sem eternizar o benefício, como ocorre no Brasil. Nesse aspecto, não há dúvidas que o modelo brasileiro é inadequado.

O TCU fiscalizou as pensões por morte em auditoria datada de 2012[21] e identificou pagamento indevido de benefícios e falhas que comprometem a integridade da base de dados do INSS, o que resultou em determinações e recomendações. Em seu voto, o relator, Ministro Benjamin Zymler, abordou temas cuja solução estaria na esfera de decisão política: a ausência de período de carência para concessão de pensões por morte; e a inexistência de redutor nos valores de pensão em função da idade ou condições econômicas do beneficiário.

No dia 30 de dezembro de 2014, o governo da presidente Dilma Rousseff publicou a Medida Provisória nº 664, convertida em lei em maio de 2015, contendo um conjunto de alterações nos dispositivos que regem os benefícios de pensão por morte – no RGPS e no regime de previdência dos servidores federais – e do auxílio-doença. As principais alterações na pensão por morte no RGPS e no regime dos servidores federais versam sobre a exigência de carência para concessão do benefício, introdução de tempo mínimo de união ou casamento e de tempo máximo de duração do benefício. Com as alterações, apenas o cônjuge com mais de 44 anos terá direito à pensão vitalícia. A intenção é acabar com a vitaliciedade para os viúvos considerados jovens. Para quem tiver menos, o período de recebimento da pensão varia de três a 20 anos.

---

[21] Acórdão nº 666/2013-Plenário.

Outra questão relevante, que pode causar polêmica no Brasil, está relacionada à diferença de idades de aposentadoria entre homens e mulheres. No gráfico a seguir, nota-se que as idades médias de saída do mercado de trabalho dos dois gêneros, apesar das tendências passadas, estão agora aproximando-se de 65 anos, conforme se verifica pela linha "OECD *average*".

Idade média de saída do mercado de trabalho, por gênero.

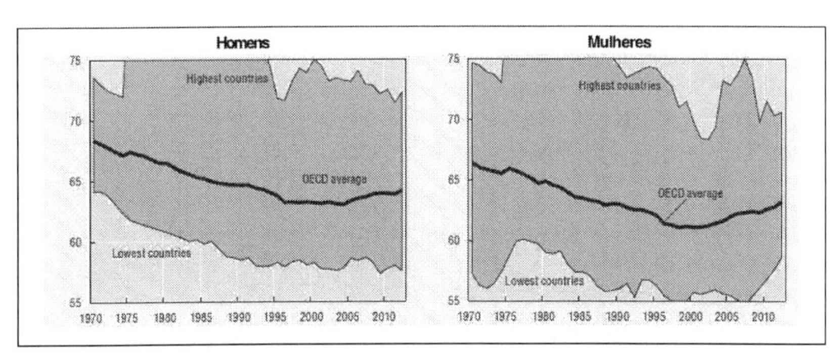

Nos primeiros momentos do governo do presidente Michel Temer, a equipe econômica discutiu com a sociedade, sindicatos e especialistas no assunto acerca de propostas de mudança. O governo admitiu fixar em 65 anos a idade mínima para os novos trabalhadores e criar regras de transição, para não prejudicar quem estava prestes a se aposentar. A ideia era igualar a idade de aposentadoria para homens e mulheres ou pelo menos reduzir a diferença.

Além de alterar a idade mínima, estuda-se reduzir algumas distorções. O governo quer fazer mudanças na concessão de benefícios assistenciais e na pensão por morte. Fala-se em tornar mais rígidas as regras de acesso ao benefício da área rural, que hoje não requer contribuição ao longo da vida. Esse é mais um problema de alta complexidade que afeta o setor primário que os congressistas terão de enfrentar no futuro, discutindo ideias polêmicas como, por exemplo, o aumento da idade mínima para a aposentadoria do trabalhador do campo.

A última mudança na regra da aposentadoria, feita em 2015 com o objetivo de implementar o fim do fator previdenciário, estabeleceu o chamado 85/95. Por essa nova regra, o trabalhador precisaria somar o tempo de contribuição e a sua idade e, se o resultado dessa soma for 95 (no caso de homens) e 85 (no caso de mulheres), a aposentadoria será integral. A nova regra reduz o tempo necessário para se aposentar com 100% do benefício e, como consequência, aumenta o valor das novas aposentadorias. Segundo os economistas, apesar de recente, a regra deve ser alterada, pois aumenta despesas em momento de necessidade de contenção dos gastos.

A controvérsia a respeito do déficit previdenciário brasileiro

Em auditoria realizada pelo TCU foi levantada a controvérsia existente em relação ao déficit do sistema previdenciário brasileiro, uma vez que em sua apuração são incluídas prestações assistenciais e, ao mesmo tempo, excluídas receitas derivadas de formas alternativas de tributação para alguns setores e renúncias fiscais variadas. Essa questão é muito debatida pela Associação Nacional dos Auditores-Fiscais da Receita Federal do Brasil – Anfip.

Em sua publicação *Seguridade e Previdência Social – Contribuições para um Brasil mais Justo*, de 2014, a Anfip defende não haver, atualmente, déficit da Previdência Social. Argumenta que, de 2010 a 2013, as receitas de Seguridade Social foram maiores que a soma das despesas nas áreas previdenciária, assistencial, de saúde e dos benefícios do Fundo de Amparo ao Trabalhador – FAT. Defende, ainda, que o Resultado da Seguridade Social seria o identificado na tabela a seguir.

Sobre o tema, o TCU fez uma auditoria independente para expor sua posição, como tratado adiante.

Receitas e despesas da seguridade social – 2010 a 2013 – Anfip.

	2010	2011	2012	2013
RECEITAS REALIZADAS	458.094	527.080	595.736	651.066
Receita de contribuições sociais	441.266	508.095	573.854	634.359
Receita Previdenciária	211.968	245.890	283.441	317.164
Cofins	140.023	159.625	181.555	199.410
CSLL	45.754	57.582	57.316	62.545
PIS/Pasep	40.372	41.584	47.778	51.185
CPMF e Outras contribuições	3.148	3.414	3.765	4.055
Receitas de entidades da Seguridade	14.693	16.730	20.109	14.855
Recursos próprios do MDS	305	86	66	239
Recursos próprios do MPS	267	672	708	819
Recursos próprios do MS	2.700	3.221	3.433	3.858
Recursos próprios do FAT	10.978	12.240	15.411	9.430
Taxas, multas e juros da fiscalização	443	511	491	509
Contrapartida do Orçamento Fiscal para EPU	2.136	2.256	1.774	1.852
DESPESAS REALIZADAS	403.009	451.000	512.435	572.897
Benefícios previdenciários	256.259	281.438	316.589	355.274
Previdenciários urbanos	199.461	218.616	243.954	274.652
Previdenciários rurais	55.473	61.435	71.135	78.625
Compensação previdenciária	1.325	1.387	1.500	1.996
Benefícios assistenciais	22.234	25.117	30.324	33.869
Assistenciais - Loas	20.380	23.353	28.485	32.119
Assistenciais - RMV	1.854	1.764	1.839	1.750
Bolsa-família e outras transferências	13.493	16.767	20.530	24.004
EPU - Benefícios de legislação especial	2.136	2.256	1.774	1.852
Saúde: despesas do MS	61.965	72.332	80.063	85.456
Assistência Social: despesas do MDS	3.425	4.033	5.669	6.224
Previdência Social: despesas do MPS	6.482	6.767	7.171	7.179
Outras ações da seguridade social	7.260	7.552	9.824	11.972
Benefícios do FAT	29.204	34.173	39.950	46.561
Outras ações do FAT	551	565	541	505
RESULTADO DA SEGURIDADE SOCIAL	55.085	76.080	83.301	78.169
				R$ milhões

Rombo previsto de R$2,8 trilhões da Previdência dos estados ou regimes próprios – Uma bomba relógio a ser desarmada

Em auditoria extremamente importante, o TCU projetou rombo de R$2,8 trilhões em 2079 no sistema que atende servidores públicos de estados, municípios e do Distrito Federal. Os dados utilizados como parâmetro referem-se a 2014 e foram enviados pelos estados e municípios ao governo federal.

Nesse futuro preocupante, 86% do déficit será causado por 30 regimes próprios, que devem apresentar, cada um, buraco de, pelo menos, R$10 bilhões. Isso indica que parte desse pessoal, que hoje representa 7,6 milhões de segurados, não receberá aposentadoria.

Hoje a previdência dos estados e municípios ainda é superavitária, mas 14 planos apresentam déficit de R$43,8 bilhões. Desse rombo, 20,8% é referente ao estado do Rio de Janeiro; 19% ao de São Paulo; 10,6%, ao do Rio Grande do Sul; e 7,5%, ao de Minas Gerais. Pelas contas dos auditores do TCU, 93,6% do resultado negativo é registrado por estados e 6,4% pelos municípios, com destaque para Porto Alegre e Rio de Janeiro.

Segundo especialistas, os prejuízos acumulados pelos regimes próprios de Previdência Social de estados e municípios refletem problemas de governança. Historicamente, prefeitos e governadores pecam na boa prática de governança que se refere a ter critérios técnicos e transparentes na escolha dos gestores desses planos. A maioria é nomeada para atender interesses partidários ou particulares, o que abre espaço para corrupção.

O projeto de lei em tramitação na Câmara dos Deputados que define regras para a contratação de gestores para os fundos de pensão de estatais deveria ser estendido para os regimes próprios dos servidores públicos.

O rombo dos estados precisa ser foco de atenção dos governantes, pois a federação como um todo é afetada quando estados e municípios estão desequilibrados. A avaliação conjunta e ações articuladas dos agentes políticos e gestores públicos também são boas práticas de governança recomendadas em nossos referenciais.

Juros altos

A falta de credibilidade na política fiscal e a piora da confiança no país por questões econômicas e políticas interferem diretamente na taxa de juros paga aos credores nacionais e internacionais. Como os governos precisam atrair investidores para financiar seus projetos e sua dívida, em cenários de deterioração fiscal, como o mostrado no gráfico adiante, tendem a pagar um prêmio de risco maior. Para um melhor entendimento, quando uma família está devendo muito e não se preocupa em economizar para reduzir seu endividamento, chega uma hora em que não consegue mais empréstimos nos bancos. É preciso, então, recorrer aos agiotas pagando juros muito mais caros para honrar seus compromissos. Isso pode gerar uma situação explosiva que tende a acabar em uma insolvência, ou seja, completa falta de condições de continuar pagando.

Resultado fiscal do Governo Central (1991-2019).

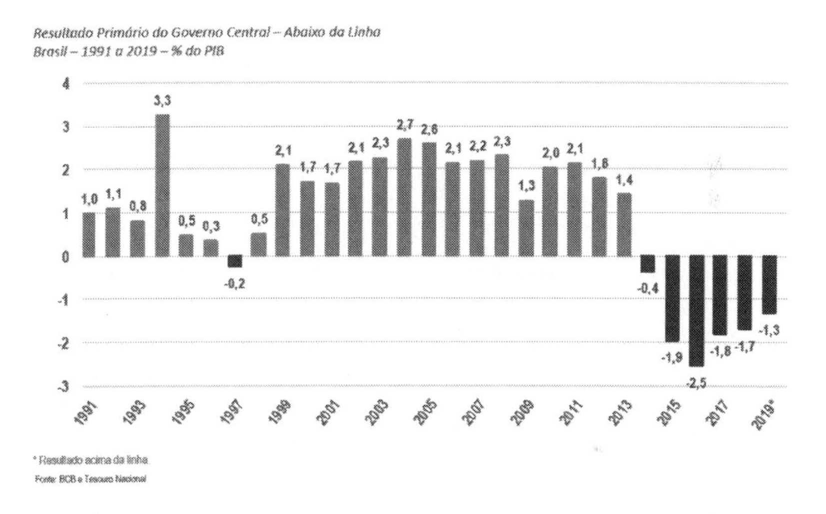

A inflação acima do teto da meta, conforme mostramos há pouco, é outro fator de pressão sobre os juros, única ferramenta de que dispõe o Banco Central para controlar as expectativas inflacionárias futuras, uma vez que, segundo a teoria econômica, o aumento dos juros tende a arrefecer a demanda (inclusive por investimentos) e o emprego.

Esses dois fatores contribuem para que nossa taxa de juros fique bem acima dos patamares de mercado aceitáveis, inclusive de países de desenvolvimento similar e de países notoriamente em crise como a Grécia.

A Grécia tem uma dívida de 170% do PIB e gasta 5% dele com juros. No Brasil, a dívida é de 70% do PIB e 10% são para pagar os juros.

É importante relembrar que a nossa dívida bruta (DBGG), que experimentava uma tendência de queda desde 2002, reverteu essa tendência em 2013, conforme mostra o gráfico a seguir, terminando 2015 em 66,2% do PIB. Com isso, a partir de 2013, a apropriação de juros como proporção do PIB também se elevou. A elevação dos juros e os resultados fiscais negativos foram fatores determinantes para a evolução da dívida.

Dívida Bruta do Governo Geral e Líquida do Setor Público (2010-2018).

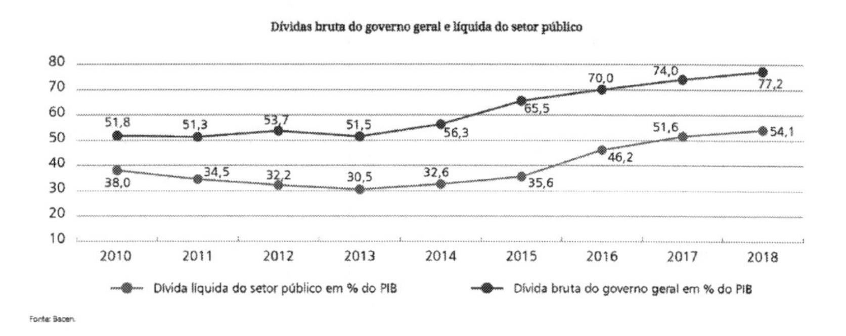

Os nossos juros, nesse cenário, acabam sendo uma de nossas maiores despesas orçamentárias. Em 2015, segundo o Tesouro Nacional,[22] os juros nominais representaram 501,8 bilhões de reais. Isso equivale a quatro vezes o orçamento da educação e da saúde, cinco vezes o déficit da previdência, 18 vezes o Bolsa Família e 25 vezes o orçamento de transporte.

Por isso nossa preocupação com os juros. Os juros altos pioram os problemas nas contas públicas em qualquer situação, mas em contextos de recessão, como a que vimemos, inibem o crescimento do PIB e expandem a dívida. Do lado do crescimento, os encargos financeiros encarecem os novos investimentos das empresas. Quando vão comprar uma máquina, fazer uma nova filial, investir em tecnologia ou em treinamento, as empresas comparam o ganho que teriam em novos projetos com o que ganhariam se investissem em aplicações que pagam juros altos. Por isso uma taxa de juros em patamares semelhantes aos da dívida pública brasileira são tão perversos para a nossa competitividade internacional e para o nosso desenvolvimento.

---

[22] Relatório Anual do Tesouro Nacional – 2015 (Tabela 23).

Comparando com os Estados Unidos, onde o custo que as empresas têm na captação de recursos para seus projetos é de 2,1%, o custo médio de captação das empresas brasileiras chega hoje a 15%, o que deixa muito claro o quanto temos que lutar para disputar com as empresas dos países de maior credibilidade. Além de interferir no investimento, as altas taxas de juros acabam sendo repassadas para o preço dos produtos, o que alimenta a inflação.

Por isso, é absolutamente essencial que tenhamos uma redução de juros no país. No entanto, com um déficit de R$170 bilhões, resta-nos reverter o patamar de gastos públicos, incluindo aí as despesas previdenciárias. Sem atitudes sérias nesse sentido, as chances são pequenas de termos juros civilizados.

Vencer a corrupção – Um desafio velho e urgente, mas insuficiente

Muitas pessoas acabam fazendo uma dicotomia entre a prevenção e a punição como melhor forma de se combater a corrupção. Para mim, essa dicotomia não existe. Ambas atuações são igualmente importantes para evitar que os corruptos e corruptores se sobressaiam na utilização dos recursos públicos.

A corrupção é mal que assola o país desde a época colonial, mas, com a internet, entrou definitivamente na agenda da população. Na minha opinião, a corrupção brasileira é decorrente da fragilidade do Estado, da má governança. Temos uma casa ainda em construção. Nossa democracia, no Brasil e na América Latina como um todo, é jovem se comparada com a da Europa e mesmo com a dos Estados Unidos e Canadá.

Conforme já disse, nosso Estado tem tamanho avantajado. A sua segurança deve ser proporcional. É como nossas casas. Se temos casas menores, e menos riquezas, nossa segurança se resume a portas e janelas com tranca, muro e portão. Se a casa é mais rica, precisamos de alarmes, câmeras, sensores, seguranças armados, e assim por diante. Ainda mais se moramos em um bairro mais violento, mais hostil (essa relação da governança dentro de uma microestrutura como a família e de uma macroestrutura, como empresas e governos, terá um tratamento específico no próximo capítulo deste livro).

No Brasil é assim, temos um Estado rico e um clima desfavorável, com muitos corruptos e corruptores. Então a governança tem que ser de primeira. Necessitamos desenvolver, por meio do aprendizado contínuo, em um ambiente democrático, instrumentos capazes de combater esse mal em suas causas. Onde houver pessoas, o risco de corrupção estará presente, mas nas instituições que desenvolverem bons instrumentos de direcionamento, avaliação e monitoramento, esse mal poderá ser mais facilmente detectado e evitado.

O TCU, por sua vez, sempre teve como norte o controle da legalidade e da conformidade dos atos administrativos. O combate à corrupção sempre foi uma das nossas especialidades. Todas as nossas ações de controle, seja por meio de ações cautelares que evitam o desvio de recursos antes que ocorram, seja por intermédio da condenação de gestores públicos diversos em débito e em multa, resultaram nos últimos cinco anos em um resultado financeiro na ordem de R$105 bilhões.

A Petrobras, nesse contexto, sempre foi um assunto muito sensível e complexo, por envolver investimentos vultosos, que representavam 50% do total investido no país como um todo. Mas nem por isso deixamos de enfrentar os desafios que os processos da estatal apresentam.

Temos superado dificuldades de toda ordem. Desde o Governo de Fernando Henrique Cardoso, por exemplo, a Petrobras começou a se utilizar de um Decreto para fugir da Lei de Licitações. Isso nos trouxe muitas restrições para punir os gestores que faziam contratações sem utilizar os procedimentos licitatórios adequados ou contratavam por dispensa de licitação. Quando puníamos alguém, o caso era levado ao Supremo Tribunal Federal.

Em meados de 2009, havia em vários processos indícios de superfaturamento, pagamentos indevidos, obstrução dos trabalhos de fiscalização e omissão de documentos por parte da Petrobras. Para o tribunal, os indícios eram suficientes para pedir a paralisação de quatro de suas obras, inclusive as Refinarias Presidente Getúlio Vargas – Repar e Abreu e Lima, além do Complexo Petroquímico do Rio de Janeiro – Comperj. A partir dos trabalhos do TCU (Acórdão nº 2.252/2009-TCU-Plenário), o Congresso Nacional determinou ao governo (Lei de Diretrizes Orçamentárias de 2010) a suspensão dos repasses.

Mas graças a um veto do então presidente Lula (Mensagem nº 41, de 26.01.2010), os repasses continuaram. Mais de R$13 bilhões foram destinados para as obras nas refinarias de Abreu e Lima (PE), Repar, Comperj e o complexo de Barra do Riacho (ES), que depois foram citadas pelos envolvidos na Operação Lava Jato como fontes de recursos que alimentaram o esquema de corrupção na Petrobras.

Apesar desse percalço, o Tribunal seguiu com sua batalha. Em intensa articulação, acordos firmados com a Polícia Federal e Ministério Público Federal permitiram que as apurações realizadas em 2009 e nos anos seguintes pudessem alimentar as investigações posteriores para a responsabilização criminal dos suspeitos.

Sempre tivemos convicção de que a Petrobras deveria ser acompanhada com lupa pelo TCU e isso sempre aconteceu. Os resultados que agora são apresentadas à sociedade são fruto da nossa crença de que valia a pena insistir nas nossas teses e nas nossas investigações, embora parte delas fossem obstadas em instâncias outras.

Aliás, a maioria das grandes operações do Ministério Público e da Polícia Federal são municiadas com informações geradas em nossas auditorias. Considero vital essa cooperação e coordenação entre as instituições. No TCU, são absolutamente estreitas as relações com a Justiça Federal, a Receita Federal, o CADE e o Ministério Público Federal, entre outras.

Para exemplificar, destaco que tão logo a Justiça Federal do Paraná disponibilizou informações da Operação Lava Jato ao TCU, determinei, ainda como presidente da Corte, por meio de Portaria de 9 de dezembro de 2014, a instauração de Grupo de Trabalho para analisar profundamente toda a documentação. Dessa articulação, apuramos um prejuízo de R$29 bilhões na atuação dos cartéis de empreiteiras, trabalho que não seria possível sem a contribuição do juízo responsável pela matéria.

No último pleito, entregamos à Justiça Eleitoral uma lista com 6.700 nomes, aproximadamente, de gestores públicos federais, estaduais e municipais que tiveram contas rejeitadas pelo TCU. Atualmente há mais de 500 gestores inabilitados pelo TCU para exercerem cargos ou funções comissionadas e mais de 200 empresas declaradas inidôneas para participarem de processos licitatórios.

É claro que é muito importante punir os responsáveis para acabar com a corrupção, que é um problema muito grave, mas isso não vai encerrar o problema das contas públicas brasileiras. Fazer programas errados, com obras faraônicas que começam e não acabam, ou se acabam, não geram nenhum benefício para a população, pode levar a muito mais prejuízos do que a corrupção.

Voltemos ao caso da Petrobras. As refinarias Premium I e II, que seriam instaladas no Maranhão e Ceará, respectivamente, geraram um prejuízo de R$3,8 bilhões, de acordo com auditoria levada a cabo pelo TCU. Apesar dos investimentos feitos pela Petrobras, os equipamentos não foram instalados e não geraram receitas para os cofres da União. E esse prejuízo não leva em conta a esperança, expectativas, apostas e frustrações dos povos cearense e maranhense, além dos recursos minados dos dois estados e dos municípios, que foram efetivamente gastos, mas que não entram nessa conta bilionária. É um prejuízo sem retorno, porque está pulverizado em dezenas, centenas de carteiras de cidadãos que investiram tudo o que tinham na promessa de um eldorado.

Muitos exemplos com prejuízos bilionários poderiam ser citados. Segundo auditorias da Corte de Contas, o atraso nas obras de energia é constante e atinge quase 80% dos projetos. No caso dos parques eólicos (com a utilização da energia gerada pelos ventos), que ficaram prontos sem linhas de transmissão para transportar a energia gerada, são bilhões perdidos. Nas obras da Ferrovia Norte-Sul paradas, o prejuízo com cargas que deixam de ser transportadas, perdas e impostos não arrecadados, pode chegar a US$12 bilhões por ano, segundo informações da própria empresa responsável pelas obras, a Valec. Ainda temos o caso da transposição do rio São Francisco, que está com atraso de mais de seis anos. Os exemplos são fartos.

Claro que corrupção e má governança se misturam, mas em um país onde se consiga amenizar a corrupção, se não houver políticas públicas bem avaliadas, com gestão de risco benfeita, gestores bem direcionados e monitorados, o prejuízo bilionário continuará ocorrendo.

Hoje tenho a grata satisfação de ver que essas nossas ideias encontram eco entre pensadores nacionais e internacionais. Na obra "Por que as nações fracassam?", James Robinson e Daron Acemoglu indicam, em determinado trecho do livro, que insistir em arquitetar a prosperidade sem confrontar as causas originais dos problemas, dificilmente dará bons frutos.

Essa lógica coincide com nosso pensamento de que a melhoria da governança pública é o melhor caminho para as instituições de controle atuarem nas causas primárias da corrupção e da incapacidade dos governantes de entregar, tempestivamente, os serviços públicos essenciais de saúde, educação, transporte, segurança pública, entre outros.

CAPÍTULO 5

GOVERNANÇA NA VIDA DAS PESSOAS E DAS EMPRESAS

Governança na vida das famílias

Intuitivamente, todas as pessoas sabem o que é governança. No início de 2014, perguntei ao André Luis, filho de um de meus assessores, com 13 anos à época, o que era governança. Ele rebateu na hora: "Não é como os governos governam?".

Fiquei agradavelmente surpreso com a esperteza do garoto e percebi que o conceito não era algo tão inacessível quanto eu imaginava. De certa forma, governança é isso mesmo: são boas práticas das pessoas que nós elegemos para darem um rumo às políticas públicas. Se tudo for bem feito, teremos educação de qualidade para nossos filhos, postos de saúde sem filas, segurança para andarmos nas ruas, e assim por diante.

Em *Governança Pública*: o desafio do Brasil, livro de minha coautoria diversas vezes citado aqui, definimos governança como um conjunto de boas práticas de liderança, estratégia e controle, práticas essas que permitem aos governantes avaliar, direcionar e monitorar as ações dos componentes de sua equipe, necessárias para atender às demandas da sociedade.

A forma como os "governos governam" é tema que analisaremos mais adiante. Antes, pensemos numa estrutura menor, mas nem por isso menos complexa: as famílias. Elas, acima de tudo, deveriam conhecer muito bem os conceitos de governança e aplicá-los para encaminharem as finanças particulares, o futuro dos filhos e a segurança na aposentadoria, entre outros temas importantes.

Nas famílias, *a liderança* cabe aos genitores, diferindo, nesse ponto, à forma democrática de escolha de nossos representantes. Não obstante, os cidadãos podem refletir sobre o exercício da liderança em suas vidas pessoais na hora de votarem em seus governantes. Normalmente, os líderes dos núcleos familiares são os genitores, por terem maior experiência e por terem o respeito natural dos filhos.

São o pai e a mãe, pelo menos quando os filhos estão pequenos, que definem as *estratégias* a serem seguidas. Algumas decisões estratégicas, que vão influenciar na qualidade da vida futura de todos, dizem respeito à educação, aos planos de aposentadoria, aos investimentos realizados.

Colocamos nossos filhos na escola pública ou privada? Alugamos ou financiamos a moradia? Poupamos parte dos ganhos ou viajamos e nos divertimos? Contratamos um plano de saúde? São dúvidas que fazem parte da rotina dos genitores, e algumas delas, depois de certa idade, devem ser negociadas com os filhos.

As decisões de longo prazo, que comporão a *estratégia* da família, devem ser tomadas a partir de uma *avaliação* sobre a situação do país e de suas expectativas com relação ao futuro. Para que essa avaliação seja a melhor possível, é aconselhável que todos os seus integrantes compreendam minimamente qual é o estágio de desenvolvimento do país em que vivem.

Governança fiscal: responsabilidade no controle dos gastos

Antes de analisarmos como o crescimento econômico e os indicadores sociais de um país influenciam nas decisões estratégicas e de curto prazo das famílias, vamos tratar de uma questão bem básica, referente ao controle daquilo que se ganha e que se gasta.

Hoje é muito comum que o pai e a mãe trabalhem e como fruto do trabalho recebam seus salários ou o lucro de suas empresas, se forem empresários. Isso se chama *receita*. É preciso então, desde a união do casal, administrar bem as *despesas* para não se gastar mais do que se ganha, o que poderia gerar problemas financeiros que, em casos, deságuam em complicações no relacionamento e até mesmo o desmantelamento da família.

É preciso também, desde o início, pensar no médio e longo prazo, e reservar uma parte das receitas da família para investir, por exemplo, num automóvel, na casa própria e nos planos de aposentadoria. Enfim, dosar bem para não gastar tudo com demandas do dia a dia.

Para isso, é aconselhável elaborar uma planilha que sirva de base para a avaliação das despesas prioritárias e o monitoramento mensal dos gastos. A planilha a seguir representa um orçamento básico de uma família de classe média, com dois filhos, na cidade de Brasília.

	ORC	jan/16	fev/16	mar/16	abr/16	mai/16	jun/16	jul/16	ago/16	set/16	out/16	nov/16	dez/16
RECEITA DO PAI	5.000,00												
RECEITA DA MÃE	5.000,00												
RECEITA TOTAL	10.000,00												
ALUGUEL OU PRESTAÇÃO DA CASA	1.600,00												
MERCADO	1.800,00												
EDUCAÇÃO	1.500,00												
POSTO	600,00												
FAXINEIRA	800,00												
PLANO DE SAÚDE	800,00												
FARMÁCIA	300,00												
ROUPA E CALÇADO	200,00												
CARRO (SEGURO E REVISÕES)	200,00												
TV A CABO E INTERNET	100,00												
INGLÊS	150,00												
EMPRESTIMOS	300,00												
CONDOMÍNIO	300,00												
ENERGIA ELÉTRICA	150,00												
ÁGUA	150,00												
TELEFONE CELULAR	100,00												
OUTRAS DESPESAS	1.050,00												
DESPESA TOTAL	10.000,00	-	-	-	-	-	-	-	-	-	-	-	-

Fonte: Elaboração própria.

A partir do orçamento elaborado, os pais direcionam os gastos que serão realizados, mês a mês, e trazem em seus itens, as prioridades delineadas. Vemos, por exemplo, que uma boa educação foi considerada importante e que, por trabalharem fora, pai e mãe decidiram pela necessidade de ter uma faxineira.

Assim como no orçamento dos governos, o orçamento doméstico contém despesas obrigatórias, que não podem ser cortadas quando a situação aperta, e despesas discricionárias, ou seja, que os administradores das contas familiares podem decidir por tê-las ou não. Provavelmente, se houver necessidade de pagar mais pela escola ou pelo plano de saúde, por exemplo, a despesa com faxineira, inglês, TV a cabo, entre outras, serão itens que poderão ser cortados.

O monitoramento e o controle dos gastos são fundamentais para que as famílias não se endividem além de suas possibilidades. Em uma eventualidade, quando o pai ou a mãe perdem seus empregos ou têm suas rendas reduzidas, é necessário que se tenha agilidade para cortar algumas despesas não obrigatórias, de modo que se possa manter o equilíbrio da economia familiar.

Esse controle também é necessário quando você decide por uma nova despesa, que não estava prevista inicialmente. Por exemplo, se nossas convicções nos impelem a ajudar de forma permanente uma família em dificuldades, é necessário prevermos essa despesa com "assistência" na nossa planilha. Como o salário não aumentou, é necessário que se abra mão de algum outro gasto para incluir esse novo.

Guardadas as devidas proporções, essa "governança fiscal" que as famílias fazem no seu dia a dia, também é verificada pelo Tribunal de Contas da União quando analisa as contas do presidente da República. Conforme vimos nos capítulos anteriores, foi o descuido com esse controle das despesas que motivou a rejeição das contas de 2014 da presidente Dilma Rousseff, assunto acompanhado atentamente pela sociedade brasileira.

Traçando um comparativo, assim como não podem as famílias se desequilibrarem para ajudarem pessoas em dificuldades, os governos também não podem fazer essa opção caso ela os leve a um endividamento além de limites considerados razoáveis. De modo semelhante às famílias, os governos devem cortar os gastos não obrigatórios para continuar honrando algumas despesas que devem ser consideradas prioritárias.

O crescimento econômico interfere na vida das pessoas

Para que os líderes familiares possam tomar decisões de curto, médio e longo prazo, é preciso entender como é gerada a riqueza necessária para construir esse desenvolvimento. Conceitos como crescimento e desenvolvimento econômicos ou PIB, abordados na obra que citei anteriormente sobre governança pública, devem estar na agenda das pessoas.

O crescimento econômico, ou PIB anual, pode ser definido como o valor de todos os bens finais e serviços produzidos no país. O cálculo do PIB, que mede toda a produção da indústria, do setor agropecuário e de serviços, não é uma tarefa fácil, pois envolve números astronômicos. Tomemos como exemplo os de 2013: 3 milhões de veículos, segundo a Associação Nacional dos Fabricantes de Veículos Automotores – ANFAVEA; 188 milhões de toneladas de grãos, segundo o Instituto Brasileiro de Geografia e Estatística – IBGE; e US$7,7 bilhões em exportações de plataformas de petróleo, conforme o Ministério da Indústria, Comércio Exterior e Serviços – MDIC.

O crescimento econômico se configura como uma premissa para conquistarmos nosso desenvolvimento. Ora, não há como alcançar melhorias consistentes na qualidade de vida de nossa família, e da população de uma forma geral, sem uma fonte de riqueza que as financie. É o crescimento econômico contínuo que permite o conforto das pessoas (traduzido pela disponibilidade de energia elétrica, boas estradas, água encanada, rede de esgotos, celulares, internet). Também não há como criar empregos sem uma economia robusta.

O PIB representa a riqueza de uma nação. Quanto mais se produz, mais se está consumindo, investindo e vendendo. O objetivo de todas as nações é fazer crescer essa riqueza, por maior que ela seja em valores absolutos. Nesse sentido, é muito preocupante, para as famílias em geral, o cenário atual pelo qual passamos, com crescimento negativo, conforme mostra o gráfico a seguir e com perspectiva de decréscimo que se concretizou no ano de 2016, tendo recuado ainda 3,6%.

Evolução do PIB – 2009 a 2018.

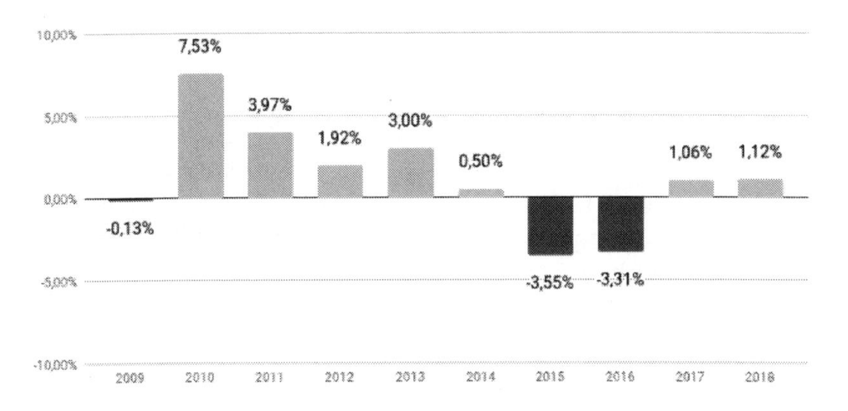

Fonte: IBGE. Informações disponíveis no SGS - Sistema Gerenciador de Séries Temporais, site do Banco Central.

Vimos, então, que as famílias e as nações têm uma missão similar de perseguir um incremento de suas riquezas sendo o objetivo final a melhoria da qualidade de vida dos familiares e dos cidadãos. É comum, principalmente nos dias de hoje, em que as informações sobre o mundo estão na palma da mão das pessoas, fazermos uma comparação de nossa qualidade de vida com as das pessoas de outros estados mais desenvolvidos e mesmo de outros países.

Para entendermos um pouco as diferenças, temos que saber, primeiramente, que muitos países acabam tendo mais capacidade de aumentar suas riquezas. Antes da crise atual, na qual nos deparamos com o encolhimento de nossa economia, tínhamos uma situação mediana de crescimento, comparada com a de outros países.

Se for feita uma comparação apenas com nações semelhantes, como as emergentes Índia, Rússia, China e África do Sul (BRICS), verificaremos que não tínhamos uma posição de destaque em termos de crescimento.

Crescimento, apenas, não é suficiente

O PIB é uma medida restrita para entendermos a riqueza das nações e das regiões de um país, pois nem sempre um crescimento robusto é bem distribuído. O PIB *per capita* é mais relevante para medir o desenvolvimento. Por esse indicador, quanto maior a população, menor é a quota de riqueza nacional para cada cidadão. A China, por exemplo, tinha um PIB de US$11 trilhões, em 2013, mas esta riqueza distribuída por 1,3 bilhão de habitantes resultou em um PIB *per capita* de apenas US$9 mil, enquanto no Brasil, no mesmo período, o PIB *per capita* estava em US$11.875.

Mesmo sendo melhor, o PIB *per capita* também não pode ser analisado de forma isolada. Dependendo do grau de concentração da riqueza, nem sempre uma renda alta expressa um bom nível de vida para a população. Outro indicador primordial para se avaliar o desenvolvimento, portanto, é aquele que mede a concentração da riqueza. O Brasil tem alcançado importantes avanços recentes no combate à miséria e demonstrou alguma melhora nas últimas décadas no indicador que mede a desigualdade, chamado de "Índice de Gini".

Trajetória e projeção do coeficiente de Gini no Brasil: 1995 a 2015.

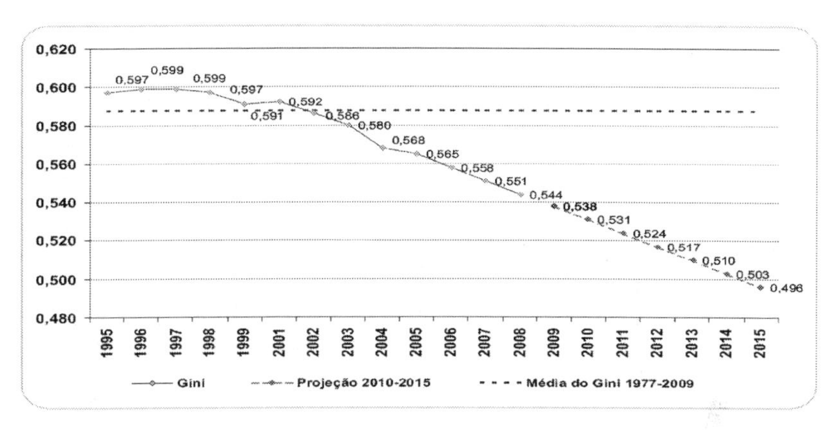

Fonte: IPEA: Elaboração: SPI/MP.

Trajetória e projeção do coeficiente de Gini no Brasil: 2015 a 2019.

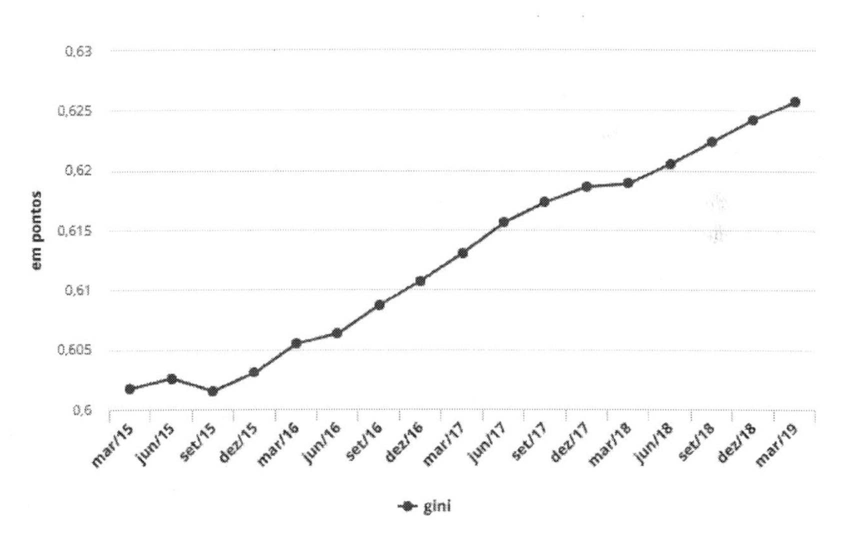

Fonte: FGV/IBRE.

Os programas sociais, em grande parte recomendados na Constituição de 1988, ajudaram a melhorar a situação ilustrada, mas a concentração de renda no Brasil ainda é uma das maiores do mundo, conforme demonstra o gráfico a seguir.

Comparação do índice Gini entre as nações

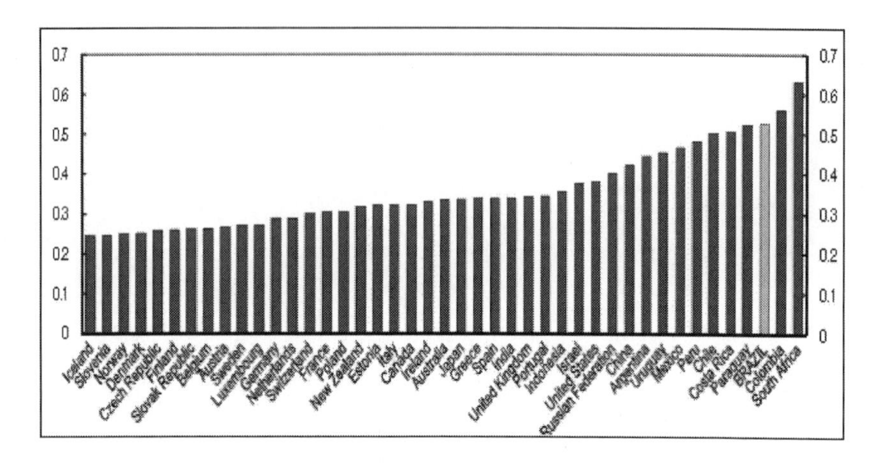

Entre as regiões do Brasil, a mesma grande disparidade se repete no desenvolvimento científico, de infraestrutura ou acesso à educação e saúde. Segundo importantes organizações internacionais, no ritmo atual, o Brasil precisaria de vinte anos para chegar ao nível de distribuição da riqueza verificado nos Estados Unidos que, por sua vez, está longe de figurar entre as melhores posições no *ranking* dos países mais desenvolvidos. A distribuição de nossa riqueza, nas diversas regiões, ainda é um grande desafio ao nosso desenvolvimento pleno, conforme explicitado no quadro a seguir.

Participação das macrorregiões na população e no PIB nacional

Região	População (% do Brasil)	Participação no PIB (%)
Centro-Oeste	7,4	9,6
Nordeste	27,8	13,5
Norte	8,4	5,0
Sudeste	42,1	55,3
Sul	14,3	16,5

Fonte: IBGE.

Qualidade de vida

Crescer, de fato, é muito importante. No entanto, mais do que atingir taxas robustas de crescimento econômico, o objetivo dos governos é promover o efetivo desenvolvimento. Este incluiu as dimensões social e ambiental, que ajudam a garantir sustentabilidade, evitando crises e rupturas que acabam por comprometer os indicadores mais importantes para a vida das pessoas, como o Índice de Desenvolvimento Humano – IDH.

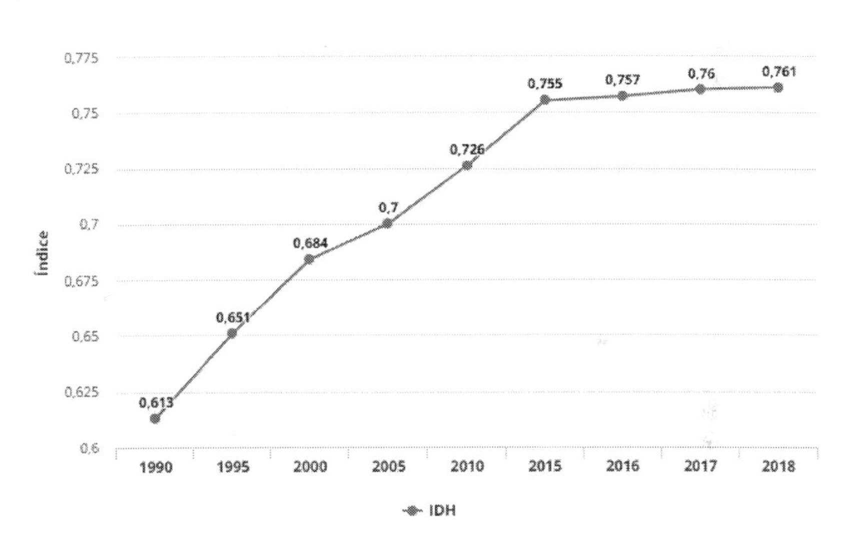

Fonte: Relatório de Desenvolvimento Humano de 2019 – PNUD.

O IDH, medido pelo Programa das Nações Unidas para o Desenvolvimento – PNUD desde 1990, é composto de três variáveis, a saber: escolaridade, expectativa de vida e Renda Nacional Bruta *per capita*. Em um ranking de 187 países, o Brasil ocupava naquele ano o modesto 85º lugar, uma posição que contrasta com um PIB que o colocava, em 2013, entre as oito maiores economias do mundo.

IDH do Brasil e países selecionados da América Latina e Caribe.

	Valor do IDH	Classificação no IDH	Expectativa de vida ao nascer	Anos esperados de estudo	Média de anos de escolaridade	RNB per capita (PPP$ 2005)
Brasil	0,730	85	73,8	14,2	7,2	10.152
México	0,775	61	77,1	13,7	8,5	12.947
Colômbia	0,719	91	73,9	13,6	7,3	8.711
América Latina e Caribe	0,741	—	74,7	13,7	7,8	10.300
Países de IDH Alto	0,758	—	73,4	13,9	8,8	11.501

Fonte: PNUD – RDH 2013 – Nota Técnica Brasil.

IDH dos países do BRICS.

	Valor do IDH	Classificação no IDH	Expectativa de vida ao nascer	Anos esperados de estudo	Média de anos de escolaridade	RNB per capita (PPP$ 2005)
Brasil	0,730	85	73,8	14,2	7,2	10.152
China	0,699	101	73,7	11,7	7,5	7.945
Índia	0,554	136	65,8	10,7	4,4	3.285
Federação Russa	0,788	55	69,1	14,3	11,7	14.461
África do Sul	0,629	121	53,4	13,1	8,5	9.594
BRICS	0,655	-	69,8	11,5	6,6	6.476
IBSA	0,588	-	66,4	11,2	5,0	4.401

Fonte: PNUD – RDH 2013 – Nota Técnica Brasil.

Em uma análise dos componentes do IDH, apesar dos avanços, chama a negativa atenção o fato de termos em média apenas 7,2 anos de escolaridade, patamar inferior ao da América Latina e Caribe (7,8 anos), e muito inferior ao dos países de alto IDH (8,8 anos). Entre os Brics, o Brasil supera apenas a Índia (4,4 anos).

Componentes do IDH (1980 – 2012).

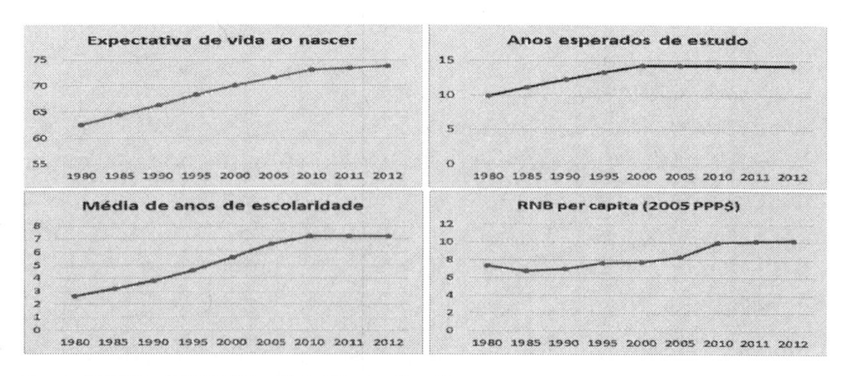

Fonte: PNUD – RDH 2013 – Nota Técnica Brasil.

Também é importante uma análise baseada na evolução dos dados dentro de períodos de tempo mais longos. Sob essa ótica, a evolução do desenvolvimento brasileiro entre 1991 e 2010 deixa explícita uma gritante desigualdade presente tanto na comparação entre as diferentes regiões do território nacional quanto entre as faixas de renda familiar, o que evidencia uma grande dificuldade de conferir sustentabilidade ao crescimento econômico e ao desenvolvimento em seu sentido mais amplo.

A Constituição e as leis na vida das famílias

A Constituição Federal de 1988, intitulada de Constituição Cidadã, ganhou renovada evidência nos primeiros meses de 2016, quando se debateu na sociedade, no Congresso Nacional e no Poder Judiciário, o afastamento da presidente Dilma Rousseff. Apesar de cantada em verso e prosa e de ter entrado para o vocabulário diário de pessoas que não compõem o universo do direito e das leis, pouca gente sabe, na verdade, o que é a Constituição.

Independentemente do nível de escolaridade das pessoas, é muito importante que todos conheçam o mínimo sobre seus direitos e deveres, para que possam encaminhar com acerto as decisões estratégicas de suas vidas. Muitos podem dizer: "Fulano viveu uma vida inteira de sucesso, teve várias empresas, ficou rico, e não sabia nada disso". Isso não é verdade, pois quando as pessoas começam a ter sucesso, uma de suas primeiras providências é contratar um advogado, que, conhecedor da Lei Maior do país, também chamada de Constituição, e da legislação como um todo, dá as melhores orientações para que as boas oportunidades sejam aproveitadas e que riscos sejam evitados.

Infelizmente, ao desconhecer o que pode e o que não pode fazer, o cidadão comum acaba tomando decisões equivocadas para si e para seus filhos. O desconhecimento pode interferir também na hora de as pessoas escolherem seus representantes, que em muitas ocasiões prometem coisas que não poderão cumprir por estarem em desacordo com a lei.

Em nosso livro sobre governança, abordamos a evolução da participação do Estado na economia nas diversas constituições, ao longo do mundo e no Brasil. Consideramos isso importante, pois qualquer governo somente poderá ser considerado bom se atender às delimitações impostas pela lei que, em última instância, representa o pensamento majoritário de uma nação naquele momento. Ou, por outro lado, se entender que determinado conceito legal já não atende ao que a maioria pensa, cabe a ele mover os mecanismos adequados para mudar a legislação e até a própria constituição.

Portanto, não pode um candidato ser eleito prometendo implantar, no primeiro dia de seu governo, um sistema de governo parlamentarista, por exemplo, se a Constituição do país prevê o presidencialismo. Também não pode se comprometer com a população que fará reformas nas aposentadorias, se todo o conjunto de leis não permitir que ele o faça, ou mesmo se o orçamento do país não permitir que haja maiores despesas. Tudo isso demanda uma negociação muito intensa com a população e com seus representantes eleitos no Congresso Nacional.

Aliás, essa é uma das maiores obrigações dos governos: deixar bastante transparente para a população os limites legais e financeiros de suas ações, de modo que todos possam avaliar com clareza as possibilidades e o sucesso de sua gestão. Também é um dos pontos mais relevantes da formação dos filhos: ensinar a eles seus direitos e deveres, de forma que sejam cidadãos mais conscientes no futuro.

A noção exata dos direitos e dos deveres, expressos na legislação ou mesmo apenas na tradição de um povo, deve direcionar a vida das pessoas e das nações. É sobre esse alicerce sólido que a estrutura da governança pública deve ser erguida, conforme demonstramos em *Governança Pública*: o desafio do Brasil.

A participação das pessoas é fundamental

Podemos começar a entender agora que o conceito de desenvolvimento de um país conjuga crescimento econômico com a melhora dos indicadores sociais, notadamente aqueles que medem a qualidade de vida das pessoas. Embora existam críticas a esta definição, ela é a que está mais alinhada à média do pensamento de nossa sociedade e dos partidos políticos que a representam.

Em 2013, às vésperas da Copa do Mundo de 2014, realizada no Brasil, as famílias brasileiras demonstraram estar cientes da necessidade de qualificar o desenvolvimento ao cobrar um "padrão FIFA" para serviços públicos essenciais como Educação, Saúde ou Transportes. Multidões foram às ruas para fazer essa cobrança.

Nesse mesmo sentido, o combate à corrupção no serviço público ganhou repercussão a partir de casos recentes, como o da chamada "Operação Lava Jato", casos que, no entanto, refletem um problema antigo, arraigado em nossa sociedade desde os tempos coloniais. Amadurecida na democracia e fortalecida pelos avanços sociais recentes, a opinião pública clama pelo fim das ações ilegais, imorais e antiéticas.

Para confiarem em suas estratégias de longo prazo, as famílias devem não somente se indignar com a corrupção e a "roubalheira", mas estar atentas também a esses indicadores que medem o crescimento econômico e indicam o nível de emprego, da variação dos preços (inflação), da saúde e educação da população como um todo.

É muito importante também que as famílias participem de ações filantrópicas, sociais e da vida política de sua comunidade. Sei, e não posso discordar do pensamento majoritário, que há motivos de sobra para indignação com os políticos, de uma forma geral. Não podemos nos esquecer, no entanto, que o homem é um ser social por natureza, conforme nos ensina Aristóteles. Segundo o filósofo, é na comunidade que o homem alcança sua completude. Quem vive fora da comunidade, ou é um ser degradado ou é um ser sobre-humano (divino). Por isso a participação da família nas questões políticas e na formação das futuras lideranças também faz parte do bom direcionamento que os genitores devem dar aos filhos.

Minhas lembranças e gratidão pela boa governança familiar

Permitam-me os leitores uma breve viagem por memórias de cunho bem particular, mas que de forma alguma representam um afastamento de nosso tema central. Recordo de meus pais como um casal de conduta irretocável na função de formar e dar uma direção segura à vida dos filhos. Cada um assumiu uma função, um papel. Onécimo, meu pai, cuidou do patrimônio e de fomentar um ótimo relacionamento entre todos. Cleni, minha mãe, cuidou da formação e transmitiu a educação religiosa, os conceitos éticos rígidos de origem germânica, buscando sempre o melhor para seus filhos. A todos nós, foi dada a oportunidade de ter uma educação superior. Minha mãe e meu pai sempre monitoraram o nosso desenvolvimento escolar e comunitário.

Em seu íntimo, meu pai tinha um firme compromisso de transformar Santo Ângelo em um lugar melhor, porque era lá que estava criando seus filhos. Foi homenageado por importantes trabalhos prestados à comunidade, tendo seu nome batizado a avenida Perimetral Norte da cidade. Voltado para a política, incentivou a mim e a meus irmãos a ingressarmos na vida pública.

Na verdade, a participação na vida comunitária e política sempre fez parte das diretrizes familiares dos Ribeiro Nardes. No livro de minha autoria *Ribeiro Nardes*: uma Família do Brasil, contei como meu trisavô Pedro Ribeiro Nardes, tropeiro e herói brasileiro, atravessou boa parte do País até chegar à região de Santo Ângelo, no Rio Grande do Sul, local onde nasci. Quando Pedro chegou à região com meu bisavô Damaso, testemunharam a decadência do lugar: as ruínas da igreja, na qual o mato crescera de tal forma que mal se avistava de longe, sobre aquela vegetação selvagem, a parte superior das paredes frontais do antigo templo.

Ainda no livro, descrevo que, após um século de estagnação, uma nova estrutura econômica e política transformou o cenário de destruição por meio de uma nova ordem de expansão colonial. Novas famílias chegaram ao lugar, novas fazendas e sítios circundaram Santo Ângelo. Pequenos proprietários começaram a fazer parte do contexto socioeconômico da região.

As terras onde hoje se situa a fazenda São Sebastião, de propriedade dos Ribeiro Nardes, no Distrito Esquina Brasil Neves, faziam parte do povoado Vira Carreta, hoje município de Catuípe. Uma parcela foi herdada por meu bisavô, Damaso Ribeiro Nardes, de seu sogro, o meu trisavô Bento Rolim de Moura, e outra parcela, comprada de seus herdeiros em datas diversas. Naquela época, as famílias davam pouca importância ao luxo e conforto, como hoje, e eram direcionadas ao trabalho e ao cuidado de suas terras.

Meu bisavô, além de exercer suas atividades rurais, passou a atuar na política, sendo eleito vereador em 30 de novembro de

1873, pelo Partido Republicano, da primeira legislatura da Câmara de Santo Ângelo. A primeira Câmara de Vereadores se instalou em 30 de novembro de 1873 na residência do sogro de Damaso, Bento Rolim de Moura.

Os Ribeiro Nardes e os Rolim de Moura fizeram parte do cenário político de Catuípe e de Santo Ângelo. Em 7 de janeiro de 1887, Damaso foi nomeado juiz de paz no 2º Distrito, Catuípe. Bento Rolim de Moura era delegado e presidente da Guarda Nacional em Santo Ângelo. Meu avô Osório Ribeiro Nardes foi subprefeito do 2º Distrito em 1916, antes de sua emancipação, e meu pai, Onécimo Ribeiro Nardes, fez parte da primeira legislatura da Câmara de Vereadores do Município de Catuípe, nos anos 1962-1963.

Dando continuidade à tradição familiar na vida pública, meus irmãos Cajar Ribeiro Nardes (deputado federal) e Pedro Réus Ribeiro Nardes participam ativamente da vida política. Também eu, seguindo essa trilha traçada por meu pai, depois de ser vereador em Santo Ângelo aos 19 anos, fui eleito deputado estadual e depois deputado federal por três vezes. Ocupei a presidência do Tribunal de Contas da União – TCU e a presidência da Organização Latino-Americana e do Caribe de Entidades Fiscalizadoras Superiores – OLACEFS, como já narrado, e hoje ocupo com muita honra o cargo de Ministro do TCU.

Na vida comunitária, por orientação e estímulo de meus pais, atuei quando jovem no Interact Club, vinculado ao Rotary Club de Santo Ângelo, onde convivi com figuras notáveis, que sempre nos brindavam com conselhos interessantes em vários de nossos trabalhos. O mais importante desses trabalhos, acredito, consistia em visitar as casas e conscientizar a população da importância da Ames – Associação Missioneira de Ensino Superior. Foi o primeiro passo para a criação da Fundames, a Fundação Missioneira de Ensino Superior, e depois para a consolidação da URI – Universidade Regional Integrada do Alto Uruguai e das Missões, onde concluí meu ensino superior.

Ao lembrar da Fundames e de seus notáveis professores, recordo que fui presidente do Diretório Acadêmico da instituição. Lembro com satisfação que, depois, como vice-presidente do Diretório Estadual de Estudantes, consegui levar para a região espetáculos do Teatro Arena de Porto Alegre. Toda essa capacitação dada por meus pais e professores foram fundamentais para que eu pudesse dar sequência à minha formação no Japão e na Europa, quando evoluí muito como ser humano.

Tendo como referência minha própria história, posso afirmar que a boa governança familiar oferece uma boa base para, mais tarde, os líderes tornarem-se melhores governantes. Cabe aos pais direcionarem – e redirecionarem, quando necessário – o futuro dos filhos – matriculá-los na escola, avaliarem a qualidade do ensino ali oferecido, perceberem se os filhos acompanham o seu ritmo, monitorarem os deveres, estimularem a convivência na sua comunidade e verificarem se os conceitos repassados em casa não estão sendo desvirtuados.

Meu pai nos criou estimulando o trabalho, como desempenhando a função de peões da fazenda. Pela manhã tínhamos que buscar as vacas no campo para tirar leite, muitas vezes com o campo branco de geada. Só tínhamos um calçado, um par de alpargatas. Para não molhá-lo, íamos descalços. Havia uma nascente de água que passava pela fazenda, pela manhã saía fumaça da água, provocada pela diferença de temperatura das águas. Às vezes colocávamos os pés congelados nessa água para aquecer um pouco. Acho que é por isso que eu e meus irmãos somos tão "pães-duros". Aprendemos com nossos pais, amigos e professores a não gastar de forma desmedida, a poupar para o amanhã, a não fazer mais compromissos do que podemos honrar.

Todos esses conceitos aplicam-se, como veremos, à governança pública, cujos pilares são a liderança, a estratégia e o controle. A desgovernança fiscal, verificada nas contas da Presidente da República de 2014, por essa minha formação, deixou-me profundamente impressionado. Não podia concordar com a aprovação das contas, mesmo que com ressalvas, como era feito até então. Com tanto descontrole e falta de transparência, era preciso uma atitude firme, que foi tomada, como vimos antes.

Governança das empresas – O legado do setor privado

Assim como é assunto que interessa às famílias, a governança é inerente ao sucesso das empresas. Tenho sido testemunha viva desse interesse em diversas de minhas palestras pelo País. Por algumas vezes estive na Confederação Nacional da Indústria – CNI, na Federação das Indústrias do Rio Grande do Sul – FIERGS, na Federação das Indústrias do Estado de São Paulo – FIESP e em outras tantas confederações e federações de empresários do comércio e do agronegócio. Em todas elas, a receptividade e o entusiasmo com o tema deixaram-me bastante animado.

O termo governança é utilizado desde épocas remotas, mas o conceito e a sua importância foram construídos nas últimas três décadas, inicialmente nas organizações privadas. Desde a década de 1930, os Estados Unidos vêm criando mecanismos para proteger investidores das empresas. Esse movimento de proteção aos proprietários de ações (que podem ser consideradas como partes das empresas), foi iniciado também na Inglaterra na década de 1990, quando uma comissão elaborou um código de melhores práticas de governança corporativa. Já no ano de 2002 foi criado um instituto de governança corporativa na Europa, responsável por disseminar os princípios da governança. Nos anos que se seguiram, dezenas de países passaram a se preocupar com aspectos relacionados à governança e diversos códigos sobre o assunto foram publicados.

Atualmente, o G8 (reunião dos oito países mais desenvolvidos do mundo) e organizações como o Banco Mundial, o Fundo Monetário Internacional – FMI e a Organização para Cooperação e Desenvolvimento Econômico – OCDE dedicam-se a promover a governança.

No Brasil, o Instituto Brasileiro de Governança Corporativa – IBGC estabeleceu um código das melhores práticas de governança corporativa, documento que define quatro princípios básicos de governança aplicáveis ao contexto nacional: transparência; equidade; prestação de contas; e responsabilidade corporativa. Critérios de governança corporativa foram implantados na Bolsa de Valores de São Paulo – Bovespa, em dezembro de 2000, contendo dois níveis de governança, com o objetivo de proporcionar um ambiente de negociação que estimulasse o interesse dos investidores e a valorização das companhias. Depois de uma palestra que fiz para brasilianistas no *Brazil Institute Wilson Center*, em Washington, a convite do jornalista Paulo Sotero, conversando com Marcelo Barros, Alden Oliveira, Luciano Dani e Maurício Wanderley, tive o *insigth* de propor a criação de uma classificação das empresas segundo a qualidade de sua governança, o Índice de Governança Geral – IGG, ao qual nos referimos no primeiro capítulo deste livro.

Com esses movimentos, o setor privado criou e aperfeiçoou ao longo do tempo mecanismos para assegurar uma maior harmonia entre os interesses dos donos, considerados como o "principal", e as ações dos "agentes" que administram as companhias. A governança corporativa é, a princípio, tema obrigatório para as empresas mais complexas, que têm vários donos, proprietários de suas ações. Mas os conceitos da governança são importantíssimos também para as empresas menores. Meu assessor e amigo Cláudio Sarian tem um exemplo imbatível para explicar a importância dos conceitos da boa governança e diferenciar governança e gestão.

Sarian conta que um reconhecido bom gestor decide abrir uma pequena padaria. O negócio se torna um sucesso, a partir do planejamento, da eficiente execução das ações planejadas, do acompanhamento constante do dono e da atuação proativa na correção dos problemas identificados. Esse ciclo é chamado de PDCA pelos administradores, mas deixemos essa sopa de letrinhas para os livros acadêmicos.

Ora, entusiasmado com o sucesso da padaria, o administrador decide abrir uma filial, e outra e outra, até que, não se sabe bem por qual motivo, nosso amigo "quebra", e perde tudo que construiu. Teimoso, ele repete a história, e quebra novamente.

A conclusão, segundo Sarian, é que nosso amigo é, na verdade, um ótimo gestor, mas um péssimo governante. Toda vez que ele tem que delegar algumas das atribuições a outros administradores das padarias para se dedicar à avaliação, direcionamento e monitoramento do negócio, com uma visão mais ampla, ele tem dificuldades.

Como vimos, a governança pública pode e deve beber nas águas da experiência do setor privado, no qual as relações entre os proprietários com os gestores designados se dão de maneira cada vez mais complexa, exigindo aprimoramento, sobretudo quando os donos de corporações passaram a delegar a administração de seus negócios a terceiros, aumentando o risco.

Há casos emblemáticos de crises ou até falências de grandes empresas que podem ser aproveitadas para prevenir grandes riscos no setor público. Entre as empresas privadas que tiveram problemas com sua governança, no âmbito internacional, uma das mais conhecidas foi a Enron, grande empresa norte-americana do setor de energia, que enfrentou um dos maiores processos de falência do mundo, envolvendo perdas no valor das ações de US$32 bilhões. Sua situação resultou de uma gestão temerária, caracterizada pelos elevados riscos assumidos pela diretoria, num movimento para mascarar as suas contas e resultados.

A manipulação da contabilidade e a omissão de dados nos demonstrativos da empresa para maquiar sua dívida levaram ao processo de falência, que resultou na quebra de confiança dos investidores. A princípio, os executivos da Enron alegaram que não cometeram crime, mas a fraude inequívoca, facilitada por legislação inadequada, que permite desconsiderar o registro de resultados, ativos e dívidas, acabou sendo descoberta. Os executivos da empresa foram enquadrados em crimes diversos e condenados a vários anos de prisão.

Crises como as da Enron se repetiram pelo mundo e acabaram por despertar no meio empresarial e governamental no Brasil a consciência da necessidade da criação de mecanismos que assegurassem melhor sintonia das ações dos "agentes" em relação ao interesse dos "principais". Nunca é demais repetir que os "principais" acionistas do Brasil são os integrantes da sociedade brasileira e são eles que pagam pelos erros cometidos pelos governantes quando metem os pés pelas mãos, como fizeram os executivos da Enron. De certa forma, boa parte do tipo de irregularidades ocorridas na Enron foi verificada por mim no exame das contas da presidente da República em 2014. Conforme demonstrei antes, houve um movimento de omissão de passivos na contabilidade brasileira que acabou por "mascarar" a situação fiscal do país e os dados da nossa dívida pública.

CAPÍTULO 6

GOVERNANÇA PÚBLICA

Governança como meio de satisfação de anseios sociais

Se o conceito de governança é essencial para o sucesso das famílias e das empresas, maior ainda é sua importância no âmbito da atuação estatal.

Existem diversas teorias que procuram explicar o surgimento do Estado, embora não haja um denominador comum entre todas elas. Apesar da dificuldade histórica de se buscar elementos que comprovem uma ou outra teoria, é inegável que o Estado tem como gênese a necessidade do ser humano em buscar harmonizar o convívio social em determinado território, até mesmo como forma de estabelecer limites para a atuação individual com o objetivo de garantir o bem-estar da coletividade.

Nessa linha, a sociedade escolhe representantes para que atuem na condução das ações estatais com determinada finalidade que pode variar, em função do desejo da coletividade, em três diretrizes: expansiva, limitada e relativa. Na primeira, espera-se que o Estado busque propiciar às pessoas o melhor bem-estar; na segunda, intervir em menor grau possível, garantindo a segurança e a ordem; e na última, somente ordenar e ajudar o convívio social.

Qualquer que seja a orientação empreendida pelo grupo social ao Estado, existe uma convergência de finalidades da atuação estatal ligadas ao bem comum. Os representantes do Estado, pertencentes ao Poder Executivo, Legislativo ou Judiciário têm o dever de buscar atender aos anseios dos cidadãos definidos na Constituição de cada país.

No Brasil, o art. 1º, parágrafo único, da Constituição, deixa claro que "todo o poder emana do povo, que o exerce por meio de representantes eleitos ou diretamente, nos termos desta Constituição". Dessa forma, fica estabelecida a delegação originária da sociedade, o verdadeiro "principal", para o Estado atuar na busca dos objetivos fundamentais definidos no art. 3º: construir uma sociedade livre, justa e solidária; garantir o desenvolvimento nacional; erradicar a pobreza e a marginalização e reduzir as desigualdades sociais e regionais; e promover o bem de todos, sem preconceitos de origem, raça, sexo, cor, idade e quaisquer outras formas de discriminação.

As atividades delegadas pela sociedade ao Estado, e consequentemente aos seus "agentes", não são simples de serem realizadas em sua plenitude. Os recursos obtidos por meio de tributos também são limitados para viabilizar o atendimento à totalidade dos anseios sociais. Com efeito, quanto mais se aumenta essa carga, maior insatisfação será sentida junto à sociedade. Resta, então, aos "agentes" públicos buscarem o incremento da eficiência da aplicação dos valores públicos com vistas à maximização dos benefícios almejados. Aliás, é o que espera toda a sociedade ou o "principal".

A situação hipotética ideal, sob o ponto de vista da sociedade, seria não pagar tributos e ter atendimento público de excelência nos variados serviços públicos, como saúde, educação e infraestrutura. Porém, a realidade brasileira mostra um cenário diametralmente oposto: alta carga tributária e baixa qualidade dos serviços, com estradas esburacadas, filas em hospitais e ensino de má qualidade.

Para que essas e outras deficiências sejam corrigidas, é imprescindível a construção de um modelo que estruture a organização e forma de atuação do Estado, responsável pela execução das políticas públicas.

E tudo começa com a escolha, por meio do voto popular, dos chefes do Poder Executivo e dos representantes do Poder Legislativo. De forma indireta, também não podemos nos esquecer dos agentes que atuam na órbita do Poder Judiciário e dos tribunais de contas com o objetivo de pacificar, de forma isenta, os conflitos existentes no meio social.

Ato contínuo, começa uma série de delegações até que as orientações cheguem aos servidores públicos, como, por exemplo, a do presidente para os ministros de Estado que, por sua vez, "delegam" aos respectivos secretários-executivos o exercício de determinadas ações, e assim sucessivamente.

A boa governança contempla um conjunto de regras e ferramentas que permitem melhor alinhamento das ações do "agente" em relação às expectativas do "principal" (sociedade), assim como maior garantia de que os resultados esperados pela sociedade serão efetivamente entregues.

E a razão para a criação dessas regras é natural. Existe o risco de os representantes escolhidos não atuarem de acordo com os anseios da sociedade, como ilustra a tabela a seguir:

Conflitos na delegação social ou originária.

Conflitos	
Sociedade deseja do Estado:	Agentes políticos podem:
- resultados que justifiquem os tributos pagos; - baixa carga tributária; - serviços públicos de qualidade; - eficiente alocação de recursos; - ausência de corrupção; - prestação de contas;	- atuar com base em jogo partidário; - prestigiar interesses particulares ou de terceiros em contratações; - contratar ou promover servidores por interesses pessoais ou indicações políticas; - "inchar" a máquina pública; - compensar baixa eficiência operacional com aumento de tributos; - reduzir investimento para alocar recursos em despesas correntes mal gerenciadas; - criar órgãos ou empresas de forma desnecessária ou em áreas nas quais a iniciativa privada seria mais eficiente.

A árdua tarefa de harmonizar a atuação e desejos de todos

A probabilidade de o risco mencionado se materializar no âmbito do setor público é mais elevada do que em qualquer outro setor. Enquanto na iniciativa privada o interesse dos "principais" está melhor definido, em especial na busca pelo retorno adequado do capital investido, na área pública as demandas dos cidadãos são, em diversas situações, conflitantes. A heterogeneidade da população, diante do poder econômico, diferenças culturais e de visão de mundo, criam diversas alternativas concorrentes para decisão da classe política. Existe aqui não apenas o conflito "agente" x "principal", mas também o conflito "principal" x "principal".

Também devemos considerar que a complexidade da máquina estatal, composta por três Poderes da União, independentes e harmônicos entre si (Legislativo, Executivo e Judiciário), e por uma República Federativa formada pela união indissolúvel dos estados e municípios e do Distrito Federal, consoante os artigos 1º e 2º da Constituição, tende a criar um significativo conflito de "agentes", se cada um se dispuser a maximizar apenas seus resultados, sem ter a visão do todo.

Nesse sentido, vale lembrar que o art. 24 da Carta Magna estabelece competências concorrentes entre União, estados e Distrito Federal para legislar a respeito de diversas matérias, das quais se destacam: produção e consumo; florestas, caça, pesca, fauna, conservação da natureza, defesa do solo e dos recursos naturais, proteção do meio ambiente e controle da poluição; educação, cultura, ensino e desporto; previdência social, proteção e defesa da saúde; proteção à infância e à juventude; e organização, garantias, direitos e deveres das polícias civis.

A autonomia constitucional conferida à União, aos estados, ao Distrito Federal e aos municípios não exime os entes federados de buscarem uma atuação integrada para a efetividade das políticas públicas que, em sua grande maioria, têm ações transversais a serem conduzidas por cada um deles.

As ilustrações a respeito dessa transversalidade são diversas. Na área da educação, a responsabilidade é compartilhada por todos os níveis de governo: os municípios respondem pelo ensino fundamental; os estados, pelo ensino médio; e a União, pelo ensino superior e pela organização geral do sistema.

Na saúde, a União responde pelo planejamento do Sistema Único de Saúde (SUS) e coordena os sistemas de saúde de alta complexidade e de laboratórios públicos; os estados desenvolvem suas políticas na área e investem recursos mínimos em relação a suas receitas em hospitais de referência, laboratórios, hemocentros e no apoio aos municípios; estes, por sua vez, respondem pela atenção básica à saúde em suas localidades.

Outros muitos exemplos poderiam ser mencionados, mas a ideia principal a ser evidenciada é a de que o cidadão quer, na realidade, que os serviços públicos sejam a ele fornecidos de forma adequada, independentemente do ente federado responsável. Afinal, o cidadão é brasileiro; não há que se falar em "cidadão federal", "cidadão estadual" ou "cidadão municipal". O pacto federativo é o único caminho para assegurar que esse cidadão receba serviços de qualidade prestados de modo coordenado entre a União, os estados e os municípios.

O princípio da eficiência a ser observado pela administração pública direta e indireta de qualquer dos Poderes da União, dos estados, do Distrito Federal e dos municípios, preceituado no art. 37 da Carta Magna, somente será obedecido se os agentes públicos responsáveis por cada um desses entes estiverem preocupados em atuar de forma sinérgica com os demais.

Portanto, a criação do Estado Democrático só tem sentido se a atuação de seus "agentes" estiver voltada para servir a sociedade. A referida capacidade de direção precisa estar alinhada ao atendimento do interesse público. Para tanto, é imprescindível a criação de um conjunto de regras e procedimentos para que os cidadãos possam participar do direcionamento das políticas públicas e também controlar as ações que a administração pública empreende na busca dos resultados pretendidos.

Afinal, o que é governança pública?

A governança pública representa a capacidade que os governos têm de avaliar, direcionar e monitorar a gestão de suas políticas ou serviços para atender às demandas da população, utilizando-se de um conjunto adequado de instrumentos e ferramentas.

Em outras palavras, governança pública pode ser entendida como a capacidade que os governos possuem de: assegurar que a vontade dos cidadãos seja capturada nos planejamentos estratégicos, táticos e operacionais; selecionar pessoas e instituir normas e processos adequados para executar as ações planejadas; articular a ação de todos os agentes públicos e privados; alcançar e controlar os resultados previstos; estabelecer indicadores de desempenho para verificar o quanto foi ou não foi alcançado; e divulgar todas essas etapas à sociedade.

Todas as vezes que, diante de um escândalo envolvendo a má aplicação de recursos públicos, surgir o responsável pela área dizendo que "não sabia de nada", tenha a certeza que podemos trabalhar com duas hipóteses: ou falta a verdade ou falta a governança!

O TCU disponibiliza na internet o "Referencial Básico de Governança", um documento de consulta excelente para o aprofundamento de questões técnicas relevantes a respeito da matéria. Nele, são destacadas as três principais funções da governança contidas nos verbos avaliar, direcionar e monitorar. Essas três ações devem ser consideradas sob a ótica do dinamismo e da retroalimentação, ou seja, uma serve de auxílio à outra. A avaliação será importante para o direcionamento. Este dará os elementos para o monitoramento que, por sua vez, garantirá a identificação de pontos a serem corrigidos e a realização das ações planejadas. Ao final do ciclo, nova avaliação deverá ser feita para verificar se as políticas e serviços públicos estão resolvendo efetivamente o problema inicialmente identificado.

Tive a oportunidade de registrar em *Governança Pública*: o desafio do Brasil as cinco principais dimensões a serem analisadas a respeito do tema – as quais chamei de os "5 Ps" da governança pública:

Dimensões	Práticas de governança pública
1. Propósitos	Conjunto coerente e harmônico dos princípios, comportamentos, estratégias, indicadores, metas e produtos do ente estatal alinhado às necessidades e expectativas da sociedade.
2. Pessoas	Forma como o conjunto de lideranças e colaboradores é selecionado, capacitado, incentivado e avaliado.
3. Papéis	Maneira pela qual se estrutura e organiza um ente ou política pública quanto à divisão de responsabilidades entre agentes internos de governança (conselhos, alta administração, ouvidoria, auditoria interna e controle interno) e ao relacionamento com agentes externos, parceiros e partes relacionadas.
4. Processos	Conjunto de rotinas e práticas sistematizadas de: articulação com agentes internos e externos; estratégia; pessoal; controles; comunicação; e gestão de riscos.
5. Prestação de contas	Dever e predisposição da Administração Pública de divulgar à sociedade os atos, fatos e informações da gestão pública, a fim de comprovar a regularidade das ações e demonstrar o conjunto de resultados obtidos em comparação com os recursos públicos utilizados.

Minha firme convicção é a de que a qualidade das práticas e ações em relação a propósitos, pessoas, papéis, processo e prestação de contas define o padrão da governança pública exercitada em um ente, política, programa, ou projeto público.

Essas dimensões ganham relevo, em especial no que tange às prestações de contas do governante, diante da análise realizada pelo TCU nas Contas de Governo da Presidência da República de 2014, que tive a oportunidade de relatar em 2015, conforme detalharei mais adiante.

Em um nível mais pragmático, o TCU sugeriu 10 boas práticas para que os órgãos e entidades da Administração Pública alcancem a boa governança:

1 Escolha líderes competentes e avalie seus desempenhos;
2 Lidere com ética e combata os desvios;
3 Estabeleça sistema de governança com poderes de decisão balanceados e funções críticas segregadas;
4 Estabeleça modelo de gestão da estratégia que assegure seu monitoramento e avaliação;
5 Estabeleça a estratégia considerando as necessidades das partes interessadas;
6 Estabeleça metas e delegue poder e recursos para alcançá-las;
7 Estabeleça mecanismos de coordenação de ações com outras organizações;
8 Gerencie riscos e institua os mecanismos de controle interno necessários;
9 Estabeleça função de auditoria interna independente que adicione valor à organização;
10 Estabeleça diretrizes de transparência e sistema de prestação de contas e responsabilização.

Qual o retrato da governança pública no Brasil?

As práticas retromencionadas representam uma operacionalização dos três principais mecanismos da governança, definidos pelo Referencial do TCU – Liderança, Estratégia e Controle – que são o verdadeiro propulsor de excelentes resultados na atuação da administração pública.

Preocupado em aferir a qualidade da governança no Brasil, o TCU realizou fiscalização, em conjunto com a quase totalidade dos Tribunais de Contas do país, com o objetivo de sistematizar informações em âmbito nacional – esferas federal, estadual, distrital e municipal. Para termos uma ideia da dimensão do trabalho, foram coletadas informações junto a 380 organizações da administração pública federal, 893 organizações públicas estaduais e 6.497 organizações municipais.

Além da obtenção de um panorama geral da governança do setor público brasileiro, a fiscalização buscou apresentar sugestões para induzir melhorias necessárias e incentivar uma mudança de comportamento na administração em todo o país para propiciar o melhor aproveitamento na aplicação de recursos públicos.

O retrato obtido ilustra uma das principais causas da baixa qualidade da prestação de serviços públicos e, por isso, merece ser destacado. Para apresentar os dados de forma objetiva, o estágio de governança foi classificado em três níveis: inicial, intermediário e aprimorado. Apesar de o TCU possuir os resultados relativos a cada organização pesquisada, eles não foram apresentados de forma individualizada, propositadamente, uma vez que o principal objetivo da fiscalização foi criar uma metodologia segura e confiável para que cada uma das autoridades e gestores de nosso País receba um retrato de sua realidade em comparação aos demais órgãos e entidades da administração pública. Com isso, estarão motivados a buscar a implementação de ações que melhorem suas governanças e, consequentemente, aprimorem a qualidade dos resultados que entregam à sociedade.

O diagnóstico revelou que a maior parte das instituições apresentou baixa capacidade em quase todas as práticas do modelo de governança. Tais limitações, sem dúvida alguma, reduzem a capacidade da organização de alcançar resultados. Em consequência, o cidadão se vê prejudicado por não ter à disposição serviços públicos de qualidade.

A difícil arte de liderar!

Liderança pode ser entendida como o conjunto de práticas, de natureza humana ou comportamental, que objetiva garantir a existência das condições mínimas para o exercício da boa governança, como a valorização de pessoas íntegras, capacitadas, competentes, responsáveis e motivadas por meio de suas indicações para ocuparem os principais cargos das organizações e liderarem os processos de trabalho.

É a liderança efetiva que permitirá o comprometimento de todos os profissionais da equipe no alcance de resultados desafiadores e sustentáveis.

Em termos gerais, o TCU identificou que mais da metade das organizações se encontram em estágio de capacidade inicial em Liderança, o que retrata a baixa potencialidade de gerirem por competências, estabelecerem mecanismos que reforcem princípios éticos e garantirem o balanceamento de poder e a segregação de funções críticas, todos com respeito à alta administração e aos conselhos ou colegiados superiores. Na outra extremidade, encontram-se apenas 16% das organizações com nível aprimorado na área.

A situação é menos crítica, mas não menos preocupante, se avaliado apenas o contexto das organizações federais, uma vez que 23% estariam em estágio de capacidade inicial e quase metade (48%) em estágio intermediário.

Algumas práticas definidas no modelo de avaliação apresentaram resultados tímidos. Detectou-se, por exemplo, elevado percentual de organizações (44%) no estágio inicial de capacidade na prática "Garantir o balanceamento de poder e a segregação de funções críticas" e na prática "Estabelecer e dar transparência ao processo de seleção de membros da alta administração e de conselhos ou colegiado superior" (37%). O estágio inicial de 31% das organizações na prática "Responsabilizar-se pelo estabelecimento de políticas e diretrizes para a gestão da organização e pelo alcance dos resultados previstos" demonstra a baixa preocupação de os dirigentes guiarem, monitorarem e avaliarem a gestão e o risco do não alcance dos resultados esperados.

Por óbvio, os dirigentes máximos dessas organizações não estão cumprindo o papel deles esperado pela sociedade e, muito menos, entregando serviços com a qualidade desejada pelos cidadãos.

Como se percebe, a situação nacional está a exigir que o mecanismo *liderança* seja urgentemente aprimorado, confirmando a impressão geral de que normalmente faltam critérios de escolha para os cargos principais da administração pública, sendo comuns as notícias sobre nomeações de familiares, correligionários políticos e de pessoas despreparadas para as funções principais, seja nos munícipios, nos estados ou no governo federal.

Não há bons ventos para quem não sabe aonde quer ir!

Estratégia está relacionada à definição de rumos que permitirão aos líderes estabelecerem um plano robusto para garantir o alcance dos objetivos organizacionais. Para tanto, contempla a escuta ativa de demandas, necessidades e expectativas das partes interessadas; avaliação do ambiente interno e externo da organização; avaliação e prospecção de cenários; definição e alcance da estratégia; definição e monitoramento de objetivos de curto, médio e longo prazo; alinhamento de estratégias e operações das unidades de negócio e organizações envolvidas ou afetadas.

Da mesma forma que a avaliação da Liderança, o mecanismo Estratégia avaliado pelo TCU também apresentou significativas oportunidades de melhoria, uma vez que 53% de todas as organizações públicas se encontram em estágio de capacidade inicial nesse componente, o que evidencia o baixo potencial da maioria das organizações em executar um processo de planejamento estratégico, em promover a participação da sociedade na governança da organização, e em monitorar e avaliar o desempenho organizacional.

No universo das organizações federais, apesar de um cenário menos gravoso, 25% se situam em estágio de capacidade inicial em Estratégia e apenas 28% podem ser considerados em patamar avançado. Cabe destaque negativo para o elevado percentual de organizações (67%) ainda no estágio inicial na prática "Promover a participação social, com envolvimento dos usuários, da sociedade e das demais partes interessadas na governança da organização", visto que a relação "principal-agente" construída na linguagem da governança deve ter por base exatamente os anseios do principal, no caso, a sociedade. É extremamente significativo para nossa jovem democracia o fato de que em 49% das organizações federais essa prática simplesmente é inexistente.

É igualmente preocupante a avaliação da prática "Estabelecer a estratégia da organização". Metade (53%) de todas as organizações se encontra em estágio inicial dessa capacidade, e, portanto, não estabeleceriam (ou fariam de forma inadequada) a estratégia para o alcance dos objetivos. Considerando-se apenas as organizações federais, este percentual é de 21%. Tais resultados sugerem risco de ausência ou deficiência, especialmente nas organizações estaduais e municipais, de um direcionamento comum que promova o alinhamento de esforços para o alcance dos objetivos institucionais.

Agrava-se o cenário quando se constata que 52% de todas as organizações (30% quando se trata apenas das federais) não executam a estratégia estabelecida ou o fazem de maneira inadequada. Em 28% de todas as organizações (16% das federais), as instâncias internas de governança, os gestores e demais colaboradores não participam da formulação da estratégia. Mais grave ainda: 28% de todas as organizações não adotam práticas participativas que consideram os anseios das partes interessadas externas. Dessa forma, se instâncias internas de governança representam um elo entre a sociedade e a gestão, e suas opiniões não são consideradas, pode-se concluir que é elevado, nessas organizações, o risco de que a estratégia definida não represente os anseios dos cidadãos.

Como saber se estamos no caminho correto?

O último mecanismo da governança estabelecido no modelo proposto pelo Referencial Básico de Governança do TCU, o Controle, é aquele que procura garantir que a organização mantenha o rumo estabelecido em sua estratégia. Apresenta três componentes: Gestão de Riscos e Controle Interno, que analisa a capacidade da organização em assegurar que a gestão de riscos seja eficaz e contribua para a melhoria de desempenho organizacional; Auditoria Interna, que avalia a estruturação e independência da função de auditoria interna, bem como sua capacidade de adicionar valor à organização; e *Accountability* e Transparência, constituído por práticas relacionadas à transparência, prestação de contas e avaliação da satisfação das partes interessadas.

De acordo com as informações coletadas, pode-se aferir que 54% de todas as organizações estariam em estágio de capacidade inicial em Controle, o que ilustra o baixo nível de capacidade da maioria delas em estabelecer uma estrutura de auditoria interna e de gestão de riscos adequada, em exercer suas atribuições com transparência e em garantir a responsabilização e prestação de contas. No cenário federal, a situação poderia ser considerada menos prejudicial, mas ainda se percebe a inexistência de práticas vitais de controle.

É grave o fato de que 70% de todas as organizações estejam em estágio de capacidade inicial na prática "Estabelecer estrutura de gestão de riscos", o que indica a ineficácia em atender às boas práticas de governança sugeridas por organismos internacionais. Ainda, 49% de todas as organizações e 69% das organizações federais declararam que o processo de gestão de riscos não está implantado, o que sugere a criticidade da administração pública, na medida em que isso interfere diretamente na capacidade de as organizações gerarem valor e cumprirem seus objetivos.

Assim, é sintomático o fato de grandes projetos como a Transposição do Rio São Francisco, as refinarias da Petrobras, ferrovias e rodovias, obras de prédios públicos, além de tantos outros, apresentarem, comumente, problemas com atrasos, repactuações e mesmo paralisações. Quando não se tem um adequado gerenciamento de riscos, há uma grande chance de se perderem bilhões de reais em projetos que não sairão do papel ou que somente serão realidade gastando-se bem mais do que o previsto e o razoável.

É possível retratar o nível de governança pública por um índice?

A busca de um modelo geral de governança tem sido um grande desafio para o TCU. O trabalho não é simples por guardar diversas peculiaridades em relação a conceitos e ponderações. O cálculo de indicador de governança, decorrente do amadurecimento de diversos levantamentos realizados em auditorias, tem se tornado um robusto referencial orientador para gestores que se preocupam em aprimorar as práticas de governança nas organizações públicas.

Com base no conceito de que "governança no setor público compreende essencialmente os mecanismos de liderança, estratégia e controle postos em prática para avaliar, direcionar e monitorar a atuação da gestão, com vistas à implementação de políticas públicas e à prestação de serviços de interesse da sociedade", as principais práticas estabelecidas no Referencial Básico de Governança do TCU foram desdobradas em itens de controle verificáveis e auditáveis. Assim, foi possível estabelecer um Índice de Governança Pública – IGG por meio de metodologia que atribui pesos a cada um dos quesitos avaliados.

Além de mensurar cada prática individual prevista no mencionado referencial, buscou-se a obtenção de notas para os mecanismos de liderança, estratégia e controle, conforme já mencionado anteriormente, e o cálculo de um índice global que representasse o estágio de governança das entidades pesquisadas.

É preciso salientar que o IGG não deve ser compreendido como uma medida precisa da governança pública de uma dada organização, e sim como uma referência e um instrumento de autoavaliação da sua capacidade nessa área, dando subsídios ao seu processo de melhoria.

Com base na metodologia de cálculo definida, ilustrada na figura a seguir, a distribuição de frequência das organizações com base no IGG simplificado indicou que 47% dos respondentes encontram-se em estágio inicial, enquanto 9%, em estágio aprimorado. Em comparação ao ano de 2017, em 2018 o estágio aprimorado de governança na administração pública passou de 3% para 9%, e em estágio intermediário, de 39% para 44%. Além disso, *reduziu-se* de 58% para 47% as organizações com níveis iniciais de capacidades em governança e gestão.

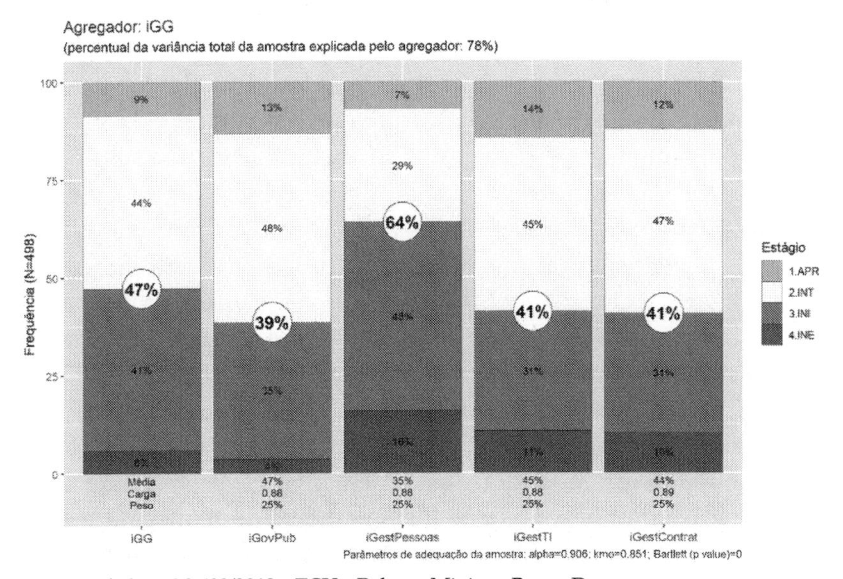

Fonte: Acórdão nº 2.699/2018 – TCU – Relator: Ministro Bruno Dantas.

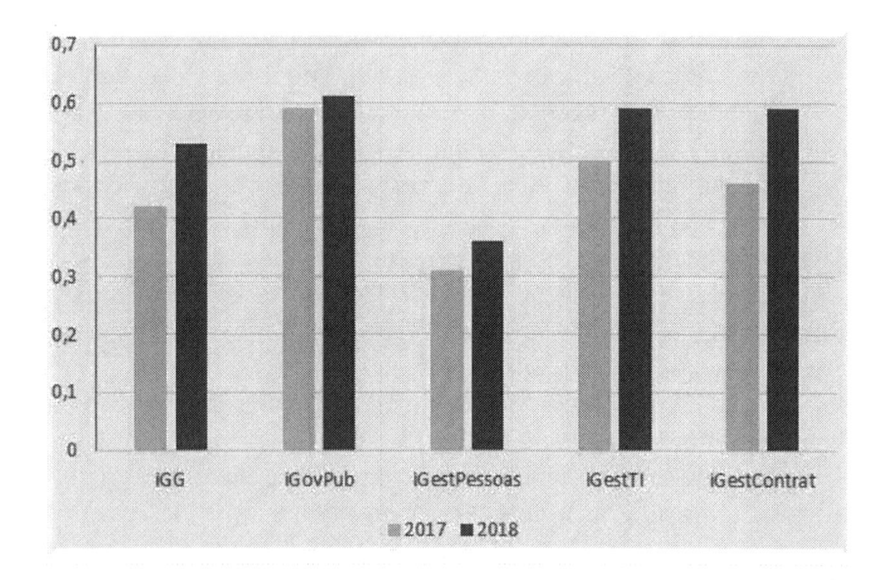

Fonte: Acórdão nº 2.699/2018 – TCU – Relator: Ministro Bruno Dantas.

Outro subsídio relevante a ser extraído da análise do IGG é a comparação desse índice entre os entes federados, em especial quando situados nas diversas regiões do território nacional.

Aproximadamente metade das organizações estaduais e municipais está em estágio inicial de governança pública, o que demonstra as deficiências na atuação das instâncias internas de governança (governadores, prefeitos e secretários estaduais e municipais) no alcance dos resultados organizacionais. Tendo em vista que a maior parte dos serviços públicos prestados à sociedade é realizada de forma descentralizada, com a utilização de recursos federais na consecução de políticas públicas, o resultado deve sensibilizar a todos os agentes, públicos e privados, na busca de soluções para que essas organizações evoluam no menor espaço de tempo para estágios mais avançados de governança.

Entre as regiões do país, percebe-se que as organizações estaduais do Sul apresentaram o melhor índice médio de governança (55%). A maior diferença entre os índices médios de governança de organizações municipais e estaduais pertencentes à mesma região ocorre no Sudeste, em que os municípios estariam com o indicador de 40% e os estados 52%.

As organizações municipais e estaduais do Nordeste e Norte, por sua vez, apresentaram os índices de governança mais baixos comparativamente às demais organizações respondentes, o que demanda uma atuação urgente na melhoria dos componentes de governança dessas regiões, se o Brasil quiser superar as atuais desigualdades regionais.

Afinal, o que a sociedade ganha com a boa governança?

Os maiores benefícios de uma boa governança são, em suma, orientar as ações dos representantes escolhidos para que não se distanciem das expectativas de resultados aguardados pela sociedade, e garantir etapas de controle para que estes possam detectar eventuais desvios no curso das ações e cobrar a correção tempestiva da melhor forma.

A ausência de mecanismos eficientes de governança trará sérios problemas à sociedade, tais como: não recebimento dos resultados prometidos, apesar de ter investido a confiança e os recursos pactuados; identificação de desvios da conduta do "agente" somente no momento em que nada mais há por fazer; desconhecimento do que está acontecendo com o emprego de seus recursos; ocorrência de erros estratégicos; e concentração excessiva de poder na mão do delegado.

Por outro lado, o "agente" também se beneficia da governança, por: entender as reais necessidades do "principal"; ser mais fácil entregar esses resultados; ter claro os limites de atuação e de conduta; ter ciência dos recursos disponíveis para alcançar os anseios do "principal".

Em resumo, com uma boa governança é possível, no curto prazo, mesmo sem reformas estruturantes como a previdenciária, trabalhista, política e fiscal, fazer mais com o mesmo volume de recursos, acelerar o ritmo das obras, melhorar a qualidade do serviço prestado nos hospitais, nas escolas, na pesquisa e no meio ambiente.

Governança, para onde vamos?

Embora consideremos a governança como o grande desafio do país no momento, não podemos negar sua evolução nas últimas décadas, favorecida, em especial, pelo avanço tecnológico e pela maior cobrança da sociedade organizada. Porém, muito ainda precisa ser feito para que o "principal" consiga acompanhar, contribuir e colaborar com a atuação dos "agentes" do Estado.

Será necessário o aprimoramento das ações de educação da sociedade. Apenas com base na melhoria dos indicadores educacionais, os cidadãos terão condição de participar ativamente do mundo econômico, inserindo o país no cenário da inovação tecnológica e do desenvolvimento; e do político, por meio do acompanhamento direto das decisões estratégicas nacionais a serem tomadas.

O aprimoramento da atuação do controle social também é de suma importância, por meio do treinamento e desenvolvimento dos Conselhos constituídos pela população, a exemplo dos Conselhos Municipais de Educação ou de Saúde, e até mesmo pela participação individual do cidadão.

O desenvolvimento do conceito de "governança em redes", no qual o Estado deverá buscar, em conjunto com toda a sociedade – empresas, cidadãos, organizações não governamentais e entes paraestatais – soluções integradas para problemas globais ou específicas para as peculiaridades locais, sempre se valendo da contribuição daqueles que podem promover melhor acompanhamento por estarem próximos ao local do gasto público, é outro marco a ser perseguido.

Temos várias experiências de administração de orçamento com participação pública pelo mundo afora, mas podemos citar uma que foi inspiradora para o Brasil todo, que foi a experiência inovadora da cidade de Pelotas.

A governança em redes, que pode ter evoluído tempos atrás com a criação dos orçamentos participativos, hoje pode evoluir ainda mais com a utilização da internet, já que as redes sociais passaram a ter participação ativa na vida pública brasileira e mundial, interagindo com os governantes. Os antigos modelos de governança precisam ser ajustados às novas situações contextuais, de maior complexidade, multifacetadas e transversais, para viabilizarem o atendimento das demandas sociais.

As relações hierárquicas e centralizadoras na esfera estatal se mostram insuficientes para resolver essa nova dimensão de problemas. A atuação do Estado deverá sofrer ajustes para que o eixo seja deslocado da autoridade para a coordenação, incentivo e mediação da atuação dos diferentes interlocutores.

Baseado na priorização da governança, o Tribunal de Contas da União direcionou uma série de seus trabalhos para orientar os gestores. Promovemos uma mudança de comportamento para combater as causas e não somente o reflexo de toda a desgovernança de uma administração. Fundados, sempre, na crença de que, trabalhando preventivamente, podemos imprimir mais economicidade e eficiência ao Estado.

Com esse objetivo, foram desenvolvidos pelo Tribunal cinco manuais na gestão 2013-2014. Sobre alguns deles já falei anteriormente neste livro, como o Referencial Básico de Governança e *Governança Pública*: o desafio do Brasil.

Durante minha gestão enquanto presidente do Tribunal, entendi por necessária a realização de um novo referencial, mais conciso e palatável para os gestores dos estados e municípios do país. Desse modo, solicitei à equipe técnica no Tribunal a execução do referencial "Os dez passos para a boa governança".

Este documento também está disponível na internet, no site do TCU, e considero de importante consulta a todos os que queiram fazer da sua instituição a mais objetiva possível, a fim de evitar a desgovernança. Seja em uma empresa, seja em uma instituição pública, não importa, ambas compõem a ideia da governança corporativa.

Nesse documento são apresentadas de forma brilhante e muito didática pela equipe técnica os dez passos para se alcançar a boa governança. Fruto de debates e estudos técnicos profundos, a obra pode auxiliar em muito o gestor, buscando eficiência e boa governança em benefício da sociedade.

No setor público, a governança está relacionada aos mecanismos de liderança, estratégia e controle colocados em prática para avaliar, direcionar e monitorar a atuação da gestão, tendo em vista a condução de políticas públicas e a prestação de serviços de interesse da sociedade. As demandas do corpo social aos governantes que têm sido cada vez mais cobradas são a racionalização dos gastos públicos, o equilíbrio fiscal, a estabilidade monetária, o investimento em infraestrutura, a saúde, a educação, a mobilidade urbana, a habitação e a segurança.

Visando aprimorar a governança pública e superar esses desafios, o Tribunal de Contas da União (TCU) publicou este documento que propõe boas práticas aplicáveis a órgãos e entidades da Administração Pública. Verificamos que com a disponibilização desse material, as funções de governança (avaliar, direcionar e monitorar) seriam realizadas de forma mais eficaz, com a adoção de mecanismos como liderança, estratégia e controle.

Portanto, é essencial que as equipes de governo e o corpo gerencial, ao selecionarem os governantes e administradores, avaliem a integridade moral e a reputação de seus candidatos; seus conhecimentos, suas habilidades e suas atitudes; sua experiência em funções de natureza equivalentes, bem como possíveis impedimentos e conflitos de interesse.

Assim sendo, para melhor elucidação, reproduzo a seguir a cartilha "Os dez passos para a boa governança":

Escolha líderes competentes e avalie seus desempenhos

Os resultados de qualquer organização dependem fundamentalmente das pessoas que nela trabalham. Por essa razão, as organizações devem garantir que seus profissionais possuam as competências necessárias ao exercício do cargo.

Ao selecionarem suas equipes de governo e corpo gerencial, governantes e administradores devem avaliar a idoneidade moral e a reputação dos candidatos; seus conhecimentos, habilidades e atitudes; sua experiência em funções de natureza semelhantes; bem como possíveis impedimentos e conflitos de interesse.

Lidere com ética e combata os desvios

A dignidade, o decoro, o zelo, a eficácia e a consciência dos princípios morais são primados maiores que devem nortear os agentes públicos, não podendo estes desprezar o elemento ético de sua conduta.

Diante disso, é essencial que as organizações públicas estabeleçam mecanismos para encorajar e reforçar o comportamento ético de suas lideranças e agentes e, mais do que isso, demonstrem estar sempre agindo de acordo com o interesse da sociedade, de modo que a população confie que os recursos públicos estão sendo geridos no seu exclusivo interesse.

Estabeleça sistema de governança com poderes de decisão balanceados e funções críticas segregadas

Sistema de governança é o modo como os diversos atores se organizam, interagem e procedem para obter boa governança. Compreende as instâncias internas e externas de governança, fluxo de informações, processos de trabalho e atividades relacionadas a avaliação, direcionamento e monitoramento.

O alcance de uma boa governança depende fundamentalmente da definição e implantação de um sistema de governança ao mesmo tempo simples e robusto, com poderes de decisão balanceados e funções críticas segregadas.

Estabeleça modelo de gestão da estratégia que assegure seu monitoramento e avaliação

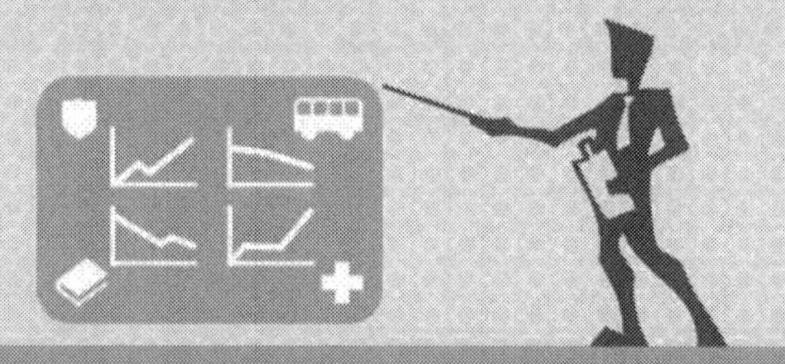

O papel fundamental atribuído às organizações públicas é o de ampliar, de forma sistêmica e integrada, o bem estar social e as oportunidades aos cidadãos.

A organização, a partir de sua visão de futuro, da análise dos ambientes interno e externo e da sua missão institucional, deve formular suas estratégias, desdobrá-las em planos de ação e acompanhar sua implementação, oferecendo os meios necessários ao alcance dos objetivos institucionais e à maximização dos resultados.

Estabeleça a estratégia considerando as necessidades das partes interessadas

Considerando o necessário foco das organizações públicas na prestação de serviços de qualidade, o alinhamento de suas ações com as expectativas dos usuários e demais partes interessadas é fundamental para a otimização dos resultados.

De forma geral, os gestores precisam satisfazer uma gama complexa de objetivos políticos, econômicos e sociais. Logo, o modelo de governança adotado deve propiciar o equilíbrio entre as legítimas expectativas das diferentes partes interessadas.

Estabeleça metas e delegue poder e recursos para alcançá-las

O modelo de liderança organizacional decorre da aplicação dos princípios da coordenação, da delegação de competência e do modelo de governança adotado.

Por esses princípios fundamentais, a Alta Administração estabelece uma estrutura de unidades e subunidades funcionais, nomeia gestores para chefiá-las e a eles delega autoridade (mandato legal e poder sobre os recursos alocados) para executar os planos. A responsabilidade final pelos resultados, contudo, permanece com a autoridade delegante.

Estabeleça mecanismos de coordenação de ações com outras organizações

A obtenção de resultados para a população exige, cada vez mais, que os múltiplos atores políticos, administrativos, econômicos e sociais lancem mão de abordagens colaborativas para atingir metas, objetivos e propósitos coletivos.

Do contrário, abre-se espaço para a fragmentação da missão e a sobreposição de programas, com o consequente desperdício de recursos públicos.

Gerencie riscos e institua os mecanismos de controle interno necessários

Riscos surgem da incerteza natural dos atuais cenários econômico, político e social e podem se apresentar como desafios ou oportunidades, na medida em que dificultem ou facilitem o alcance dos objetivos organizacionais. O instrumento de governança para lidar com a incerteza é a gestão de riscos, que engloba, entre outras coisas, os controles internos.

A gestão de riscos permite tratar com eficiência as incertezas, seja pelo melhor aproveitamento das oportunidades, seja pela redução da probabilidade e/ou impacto de eventos negativos, a fim de melhorar a capacidade de gerar valor e fornecer garantia razoável do cumprimento dos seus objetivos.

Estabeleça função de auditoria interna independente que adicione valor à organização

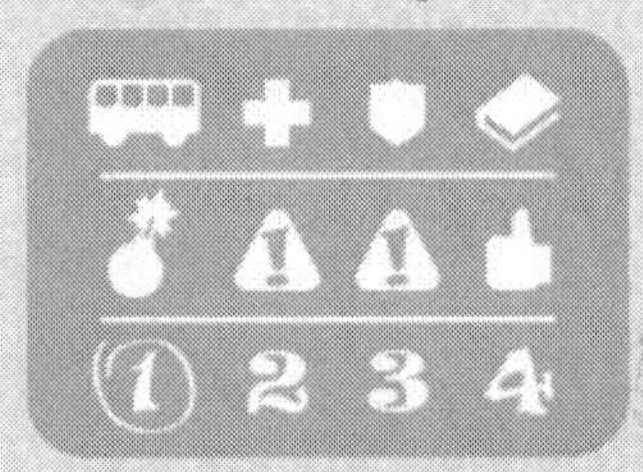

A auditoria interna auxilia a organização a realizar seus objetivos a partir da aplicação de uma abordagem sistemática e disciplinada para avaliar e melhorar a eficácia dos processos de gestão de riscos, controle e governança.

Constitui uma forma de dotar o gestor de uma rede de informações e instrumentos de suporte à tomada de decisão. Ademais, a atuação efetiva da auditoria interna auxilia na prevenção de desvios que poderiam ensejar apontamentos de irregularidades pelo Tribunal de Contas, com a consequente responsabilização dos agentes.

A íntegra do documento pode ser acessada pelo *link*: http://portal.tcu.gov.br/biblioteca-digital/10-passos-para-a-boa-governanca.htm.[23]

[23] BRASIL. Tribunal de Contas da União. *10 passos para a boa governança*. 12 set. 2014. Disponível em: http://portal.tcu.gov.br/biblioteca-digital/10-passos-para-a-boa-governanca.htm. Acesso em 14 mai. 2016.

Resumo de cinco anos de trabalho do TCU, o resultado desse trabalho serviu como base de discussão para a elaboração de Decreto anexo a esta obra, que o presidente da República, Michel Temer, assinou no dia 22 de novembro de 2017, em evento organizado no Palácio do Planalto. O dispositivo legal deu diretrizes para a criação de regras de governança que devem ser aplicadas em todo o Poder Executivo Federal.

Também como anexo do presente livro, consta o Projeto de Lei que dispõe sobre a Política de Governança Pública, onde os 10 passos mencionados são igualmente contemplados.

CAPÍTULO 7

A BANDEIRA DA GOVERNANÇA PÚBLICA

Se hoje defendo a ideia da governança pública pelo Brasil e pelo mundo é porque toda minha trajetória profissional contribuiu para que eu desenvolvesse uma visão de integração, coordenação, diagnósticos e controle de resultados.

Na verdade, essa história começa no meu tempo de estudante, quando fui dirigente de órgãos estudantis em Santo Ângelo. Fui presidente do Grêmio Estudantil da Escola Sepé Tiarajú e Governador do Interact Club do Distrito 467, onde era desenvolvido um trabalho de assistência aos menos favorecidos e de onde surgiu o movimento de criação da Fundação Missioneira de Ensino Superior – Fundames, hoje Universidade Federal Integrada – URI, na qual tive oportunidade de ser presidente do Diretório Acadêmico aos 18 anos de idade, cargo que me proporcionou visibilidade em todo o município.

Em decorrência desse engajamento, da posição de líder estudantil e da influência de amigos e familiares, em 1972 me candidatei a vereador pela minha cidade de Santo Ângelo. As eleições daquele ano me consagraram não só o vereador mais jovem do município, com idade entre 19 e 20 anos, mas também o mais bem votado até então, o que causou um impacto muito positivo no momento de renovação na política então vivenciada em Santo Ângelo.

A grande vontade de fazer mais pelo meu município e a ousadia inerente aos jovens me impulsionaram a, dois anos depois, ser candidato a deputado estadual. Apesar do grande empenho na campanha, faltaram poucos votos para que eu me elegesse, ficando daquela candidatura de 1974 uma experiência muito valiosa: eu deveria buscar conhecimento e adquirir bagagem para me qualificar.

Nesse sentido, ainda em 1974, tomei a importante decisão de começar a trabalhar em busca de uma bolsa de estudos que enriquecesse meus conhecimentos. Em 1977, assumi a direção regional do Sistema Nacional de Emprego – SINE, posição que me propiciou a indicação para um estágio no Instituto de Altos Estudos da Organização Internacional do Trabalho – OIT, o que me fez mudar para Genebra, na Suíça, por um curto período de tempo. Anos depois, pude retornar para fazer pós-graduação e mestrado no Instituto Internacional de Genebra, organização que prepara quadros para organismos internacionais como a ONU.

Lá vivi durante quatro anos, investi em meu aprendizado, tive conhecimento do mundo e percebi como a integração dos órgãos governamentais era importante para o desempenho exemplar daquele país. Temas hoje discutidos pela organização Amana Key já eram àquela época debatidos na Suíça. Esse aprendizado me deu uma visão político-social, abriu meus olhos para a política de desenvolvimento, para o desenvolvimento sustentável, para a visão ecológica, para a preocupação de se estabelecer metas para poder alcançar os objetivos propostos.

Após o rico período de investimento intelectual em Genebra, retornei para o Brasil em 1981. Em 1983, quando fui selecionado para fazer um curso na instituição Japan International Corporation – JICA, pude agregar mais conhecimento com foco na vida pública que havia começado e para a qual retornaria muito em breve.

De volta ao Brasil, fui convidado pelo então governador do Rio Grande do Sul e seu vice, Jair Soares e Amaral de Souza, respectivamente, a trabalhar como assessor do então Secretário do Trabalho, Augusto Trein, na Secretaria de Trabalho e Ação Social, como coordenador da Política de Emprego. Em seguida, pude atuar como assessor na Secretaria de Coordenação e Planejamento, dirigida pelo saudoso e competente Carlos Aberto Algayer, e posteriormente com o secretário de Planejamento José Diogo Cirilo da Silva, excelente profissional com o qual pude trabalhar como secretário executivo do Fundo de Desenvolvimento Urbano. Em todas essas oportunidades, implementei o conhecimento teórico adquirido na OIT, na Suíça, e no Japan Internacional Cooperacion – JICA, no Japão.

Depois de tão enriquecedora experiência adquirida no Poder Executivo do meu estado e de ter adquirido parte do conhecimento e da bagagem que me fizeram falta nas eleições de 1974, me senti preparado para concorrer novamente ao cargo de deputado estadual e, em 1986, fui eleito com quase 20 mil votos, sendo reeleito em 1990 com 30 mil votos.

Como deputado estadual presidi importantes comissões e a CPI de Obras Inacabadas e Prédios Abandonados, que descobriu mais de mil construções não finalizadas e teve grande repercussão em todo o país. Foi nesse momento que o interesse em exercer o controle dos gastos públicos foi despertado em mim, quando percorri todo o estado do Rio Grande do Sul em busca dessas obras que eram inequívocas evidências de desgovernança.

Ainda como deputado estadual, participei da Assembleia Constituinte de 1988, quando propus a destinação de 3% do orçamento para investimento na área de pesquisa. Isso porque, ao viver na Europa e no Japão, me impressionou o incentivo dado pelo governo desses países à pesquisa, o que proporciona, por exemplo, o elevado conhecimento técnico dos japoneses em robótica e outros setores. Infelizmente, essa não foi a visão da maioria dos deputados à época e se estabeleceu apenas 1,5% de incentivo, sendo que até hoje esse investimento em pesquisa não é feito de forma adequada no Rio Grande do Sul, tampouco no Estado Brasileiro.

Outro assunto que teve meu empenho na Assembleia Estadual foi o crédito educativo, pois sempre esteve claro para mim o quão importante é investir em educação, considerando esta uma das bases da sociedade. Como fruto desse empenho, foi aprovada a Lei do Crédito Educativo.

Com grande visibilidade alcançada em defesa dos 3% de investimento para a área de pesquisa e na CPI das Obras Inacabadas e Prédios Abandonados, quando meu segundo mandato como deputado estadual se aproximava do fim percebi que era o momento de alçar voo maior e decisivo: candidatei-me a deputado federal. A campanha exitosa resultou em minha eleição em 1994 com 80 mil votos, o mais votado do partido. Esse primeiro mandato abriu portas para outros dois com número de votos cada vez mais expressivo, alcançando 138 mil em 2002.

Durante todos esses anos atuando no Congresso Nacional, foram muitas as atividades parlamentares das quais participei e às quais me dediquei arduamente, participando de diversas comissões que não enumerarei pelo número elevado de atividades exercidas.

Foram muitas as missões oficiais no exterior que permitiram que, enquanto trabalhava e trocava experiências, desenvolvesse uma visão globalizada e absorvesse tudo que aqui poderia ser aplicado ou aproveitado. Dentre os locais visitados como deputado federal estão países como Suíça, Canadá e Portugal, e cidades como Tóquio, Pequim, Washington, Chicago, Seattle, entre outras.

Construí minha carreira defendendo teses benéficas à coletividade e usando a vivência e os estudos adquiridos em prol de causas nas quais acreditava. Foi assim, por exemplo, com a CPI das Obras Inacabadas e Prédios Abandonados, quando minha experiência estadual impulsionou a abertura de uma CPI para enfrentar o mesmo problema no âmbito federal, propiciando que assuntos como a Lei de Responsabilidade Fiscal e o requisito de ter recursos previamente projetados e planificados para que uma obra saia do papel começassem a ser debatidos.

Alguns trabalhos marcaram minha vida pública de forma diferenciada, não só por tudo que de mim exigiram, mas pela satisfação proporcionada ao ter os objetivos alcançados e, ao mesmo tempo, por vislumbrar o quão mudaram a perspectiva de todos os que com eles diretamente foram atingidos.

Esse foi meu sentimento enquanto presidente da Frente Parlamentar da Agricultura, quando atuei nas articulações que levaram à renegociação das dívidas dos produtores rurais por meio da securitização e do Programa Especial de Saneamento de Ativos – PESA. Se assim não fosse feito, tais dívidas comprometeriam o emprego desses trabalhadores por muitos anos.

Como presidente da Frente Parlamentar, apresentei ao então ministro da Agricultura, Pratini de Morais, uma proposta de 4 anos de carência para o início do pagamento das dívidas dos produtores rurais, que seriam pagas em 20 anos com desconto de 40%. O montante devido à época era estimado em R$23 bilhões. Naquele momento, 1999, os produtores do campo encontravam um grande descompasso entre os altos custos do agronegócio, os juros elevados de suas dívidas e a expectativa do governo de obter safras recordes até 2001.

Cientes de que uma sinalização positiva quanto à dívida rural não viria por parte do governo de bom grado, sabíamos que tínhamos que pressionar. Foi quando coordenei no Congresso Nacional uma grande mobilização do movimento dos agricultores de todo o país, e, após percorrer pessoalmente mais de 15 estados brasileiros, os esforços culminaram em manifestação realizada na Esplanada dos Ministérios que durou vários dias.

Articulados pela Frente Parlamentar, pela Confederação Nacional da Agricultura e pelas federações de pequenos e médios produtores, em frente ao Ministério da Agricultura concentraram-se mais de 20 mil pequenos e médios produtores rurais de Mato Grosso, Rio Grande do Sul, Goiás, São Paulo, Mato Grosso do Sul, Paraná e outros estados, muitos em tratores e caminhões, e ali permaneceram acampados até conseguirmos avançar na negociação da securitização.

Entendo que esse movimento foi um divisor de águas no sentido de transformar o Brasil num grande líder do agronegócio, com o alongamento das dívidas que viabilizou a continuidade da produção e com programas de financiamento como o Moderfrota, o que nos permitiu, em pouco espaço de tempo, sair de uma produção tímida para mais de 200 milhões de toneladas de grãos.

O trabalho desenvolvido como líder agrícola fez com que logo em seguida à minha chegada ao Congresso Nacional, para cumprir meu primeiro mandato como deputado federal, eleito em 1994, eu fosse procurado por um grupo de micro e pequenos empresários da região das Missões, em Santo Ângelo, no Rio Grande do Sul. Eles me relataram as dificuldades provenientes da crise do agronegócio. Disseram que se encontravam em grandes dificuldades em razão do momento econômico que o país enfrentava, com os planos econômicos, a mudança advinda do Plano Real e falta do cumprimento da legislação protecionista em vigor.

Naquele momento, a inadimplência das pequenas empresas junto aos bancos era de cerca de R$8 bilhões. O montante da dívida dos pequenos empresários gerou um descompasso significativo entre o que era devido e as garantias dadas pelos devedores aos estabelecimentos bancários na hora da contratação do crédito. A falta de capital de giro e a estabilização dos preços em função do plano econômico em vigor à época agravaram a situação dos pequenos empresários que, endividados e sem saída, não tinham mais garantias para oferecer aos bancos, pois as dívidas cresciam em progressão geométrica. A demanda era no sentido de que eu, como deputado federal eleito pelo estado, auxiliasse na busca de ajuda junto ao governo federal.

A par da situação e após buscar maiores informações e verificar que o empresário de pequeno porte enfrentava dificuldades em todo o Brasil, criei, em 1995, a Frente Parlamentar de Apoio às Micro e Pequenas Empresas no Congresso Nacional, que me levaria, então, a outro trabalho de grande repercussão do qual guardo especial orgulho em ter participado: a regularização da Lei do Simples.[24]

Marcamos uma audiência com o então ministro da Fazenda, Pedro Malan, à qual compareci acompanhado de 25 parlamentares. Após a audiência, sugeri a criação da Frente Parlamentar de Apoio às Micro e Pequenas Empresas no Congresso Nacional, coordenada por mim, com a adesão de aproximadamente 270 parlamentares, entre deputados federais e senadores. Nos dez anos seguintes, até 2005, iria dedicar meu mandato a essa bandeira e à defesa do agronegócio.

Logo surgiriam os primeiros apoios e colheríamos os primeiros frutos. Coletamos mais de 275 assinaturas em requerimento, número suficiente para aprovar em regime de urgência o Estatuto da Micro e Pequena Empresa, que tramitava no Congresso Nacional, apresentado pelo então presidente, senador José Sarney, que tinha sido elaborado pelo Serviço Brasileiro de Apoio às Micro e Pequenas Empresas – Sebrae.

Articulei várias reuniões, promovemos uma mobilização com mais de dois mil pequenos empresários vindos de todo o país e, unidos, demos um abraço simbólico no Congresso Nacional.

Após a adesão de cerca de 300 deputados e a matéria devidamente pautada, o então presidente da República, Fernando Henrique Cardoso, a fim de evitar a aprovação do estatuto da forma como estava redigido, porque o governo entendia que poderia

---

[24] O Simples Nacional é um regime tributário facultativo, diferenciado, unificado, simplificado e favorecido previsto na Lei Complementar nº 123, de 2006, aplicável às Microempresas e às Empresas de Pequeno Porte, a partir de 01.07.2007. Fonte e mais informações disponíveis em: www8.receita.fazenda.gov.br/SimplesNacional. Acesso em 14 mai. 2016.

prejudicar a arrecadação, telefonou-me convidando para ir até o Palácio do Planalto para que eu coordenasse os parlamentares em um grupo de trabalho formado por seis ministros de Estado, dentre eles Francisco Dornelles, à época ministro da Indústria, do Comércio e do Turismo, e Pedro Parente, então ministro do Planejamento, Orçamento e Gestão, e o Secretário da Receita Federal, Everardo Maciel, com quem fizemos várias reuniões.

Foram dezenas de encontros até desenharmos por várias mãos uma proposta que pudesse resultar na criação da Lei do Simples. Foi uma articulação dificílima com o Governo até a redação de uma Medida Provisória.

Foi importante partir da experiência promovida pela articulação da securitização da dívida dos produtores rurais para lutar por esse novo propósito – o Simples – e observar como foi a evolução do trabalho.

Das mais de cinquenta reuniões havidas nesse grupo de trabalho, saiu a Medida Provisória nº 1.526, de 5 de novembro de 1996, que se converteu na Lei do Simples, Lei nº 9.317, de dezembro de 1996. A partir do pontapé inicial dado pela MP, foi deflagrado um movimento irreversível de redução da carga tributária, com diminuição no número de tributos de doze para uma única guia, redução da excessiva oneração que recaía sobre as micro e pequenas empresas, o que permitiu sua viabilidade econômica e o consequente aumento dos postos de trabalho, aumento do emprego formal, entre outras conquistas decorrentes do Simples.

Iniciamos com 600 mil empresas, hoje passam de 10 milhões. Foram 10 anos de dedicação para a agricultura, micro e pequenas empresas que resultaram em geração de empregos. Esse período mereceria uma publicação específica pelo enriquecimento que tivemos nos avanços do Simples e que ficarão na vida das pequenas empresas. Se projetarmos 3 empregos nesse universo de 10 milhões de empresas, teremos 30 milhões de empregos gerados a partir da criação da Lei do Simples.

Essa progressão de números mostra que foi uma decisão acertada buscar a simplificação da vida dos pequenos empresários, uma preocupação despertada em mim ainda muito jovem, com 16 ou 17 anos, no escritório de contabilidade de minha família, época em que cursava Ciências Contábeis e Administração. Naquela época, me deparei com a necessidade de desburocratizar a maneira como a tributação era exercida, já que pagávamos 12 impostos diferentes. Desde então, essa simplificação tornou-se ideia fixa e, quando tive representatividade suficiente para propor um avanço no tema, não hesitei em fazê-lo.

Enquanto me dedicava a esses projetos, me sentia feliz e realizado por poder colaborar com temas nos quais acreditava e julgava relevantes. Com a efervescência de debates e ideias, passei a discutir com meus pares a tese do parlamentarismo, já defendida por mim desde a época em que atuava como deputado estadual e coordenador do movimento a favor do parlamentarismo no Rio Grande do Sul, tendo a intenção de implementá-lo sido derrotada por meio de plebiscito, o que não me desestimulou a discutir e defender a tese na Câmara Federal.

CAPÍTULO 8

O FUTURO DOS NOSSOS FILHOS

Durante muitos anos o Brasil foi conhecido como um país onde imperam altas doses de improvisação, tendo sido inclusive cunhada a conhecida expressão "jeitinho brasileiro" para denominar esse modo de agir que resvala para a informalidade na hora de solucionar algum conflito ou tomar alguma decisão.

Esse modo de proceder que, segundo estudos de especialistas, como o sociólogo Roberto da Matta, representa a "porta de entrada para a corrupção", tem levado para o ralo bilhões de reais de recursos – públicos e privados – em decorrência de desvios e fraudes.

As Contas de 2014 são exemplo dessas práticas indesejadas. O montante total das irregularidades alcança R$106 bilhões, elevando-se a R$244 bilhões em 2015. Se somarmos a esses números impressionantes os valores que o TCU já comprovou de perdas na Petrobras, com sobrepreço de mais de R$30 bilhões, os resultados chegam a patamares surreais, inimagináveis nas economias mundiais, que assistem perplexas a esse trágico roteiro econômico do Brasil.

Todas essas constatações são fruto do trabalho de auditorias que vínhamos fazendo muito antes de ser, por exemplo, deflagrada a Operação Lava Jato da Polícia Federal. Os resultados agora revelados por essa operação comprovam a eficiência do trabalho desenvolvido pelo quadro técnico de excelência que compõe o Tribunal de Contas da União.

Alertas não faltaram para que a situação não chegasse a esse ponto. Por intermédio do Fiscobras, um plano de fiscalização anual que engloba um conjunto de ações do TCU com o objetivo de verificar o processo de execução de obras públicas financiadas total ou parcialmente com recursos da União, demos ciência anualmente ao Congresso Nacional acerca das irregularidades e recomendamos que não fossem liberados novos recursos orçamentários para as refinarias da Petrobras. O então presidente da República Luiz Inácio Lula da Silva vetou a decisão e recursos públicos continuaram a ser destinados às obras com graves problemas.

Sempre afirmei em diversos fóruns onde divulguei a ideia da governança que construir quatro refinarias ao mesmo tempo demonstra falta de governança. O tempo nos deu razão. Recentemente, como ressaltamos antes, foram paralisadas duas refinarias da Petrobras, que estavam sendo construídas no Nordeste do país, nos estados do Ceará e Maranhão. As perdas de valores já empregados superam os R$3 bilhões de reais em valores históricos. Um prejuízo imenso decorrente da falta de planejamento mínimo, falta de governança, que causou impacto não apenas econômico, mas também social, com graves reflexos negativos nas regiões e cidades envolvidas nas construções, interrompidas pela ineficiência.

Avaliar riscos é um dos indicadores de governança fundamentais na tomada de decisão. Com esse exemplo fica constatado que necessitamos de meritocracia em todos os setores da vida pública brasileira. Os efeitos da crise na Petrobras repercutiram em cascata em outros ramos da economia nacional e a conjuntura levou o país a uma situação quase dramática.

Somando apenas esses dois fatores – os desvios na Petrobras e o descumprimento da Lei de Responsabilidade Fiscal com as contas da República – experimentamos um atraso significativo no desenvolvimento da nação em curto espaço de tempo. Ou seja, mais uma década perdida. Enquanto países integrantes do mesmo bloco econômico do Brasil – o BRICS – como China e Índia continuam crescendo a patamares próximos de 7% do PIB, nosso país continua sua trajetória descendente.

Em função de todo esse contexto macroeconômico, fiscal e político, quando transmiti a Presidência do TCU ao meu sucessor, disse para as autoridades mais importantes do país, presentes à cerimônia de posse, que tínhamos que fazer três pactos: o pacto político, o pacto federativo e o pacto pela boa governança. Isso foi em dezembro de 2014. Quase três anos depois, continuamos tangenciando as questões mais importantes da nação. Especula-se, com boa dose de otimismo, que uma nova eleição em 2018 poderá fazer com que o povo brasileiro recupere a esperança e a confiança.

Não tenho dúvidas de que o pensamento positivo nos traz ações e resultados positivos, porém, se continuarmos com a estrutura atual não teremos condições de melhorar a competitividade do país. Esperar por um salvador da pátria, que é o que mais se comenta, não me parece uma postura edificante. Se não enfrentarmos as mazelas da desorganização política com tantos partidos e a improvisação do Estado, estaremos fadados a ser sempre o "país do futuro".

Alguns me chamam jocosamente de "Dom Quixote" por defender a tese da governança como paradigma de um Estado eficiente e efetivo. Sem enveredar pela ilusão ou pelo desvario da utopia, acredito que esse seja o melhor caminho para o governo entregar um produto melhor para a sociedade, seja na educação, seja na saúde, seja na segurança ou na infraestrutura.

No TCU criamos o Indicador Geral de Governança - IGG para o Brasil medir o serviço público e responder às ansiedades da população, conforme ressaltamos antes. Passaremos a divulgação dos números de todas as instituições públicas federais para a sociedade ter noção de onde estão os erros e, assim, buscar o aperfeiçoamento.

Os Tribunais de Contas dos estados, com o auxílio do Instituto Rui Barbosa, sob a liderança do Conselheiro Sebastião Helvécio, presidente do TCE de Minas Gerais, também iniciaram o Índice de Efetividade da Gestão Municipal - IEGM para verificar a gestão dos municípios.

Pensando no futuro da governança pública no país, entendo que é necessário discutir com o controle interno e externo o acompanhamento das políticas da administração como um todo, das questões diretas e indiretas, das políticas transversais que muitas vezes não são monitoradas.

Para tanto, propus a criação de um fórum nacional de controle interno e externo para estabelecer um diálogo pró-ativo em favor da sociedade brasileira, para que receba um produto melhor na educação, saúde, segurança, etc. No Instituto Serzedelo Correa, pertencente ao Tribunal, no qual formamos milhares de pessoas anualmente, a ideia é criar um centro de altos estudos, um conselho nacional do controle onde se possa discutir o resultado de nossas diversas auditorias operacionais, que avaliam o desempenho da administração pública como um todo, e possa projetar o futuro de cada setor da vida pública brasileira nas próximas décadas.

Com a sua primeira edição em 2017, o Fórum Nacional de Controle se consolidou como um evento que tem como objetivo estabelecer um diálogo consistentes entre as instituições de controle externo e interno das três esferas da federação e de todos os poderes, de modo a desenvolver atividades de capacitação conjuntas e viabilizar ações de controle integradas, além de compartilhar informações, divulgando e disseminando boas práticas.

Com o tema "Integrando o Brasil para fazer bem", a terceira edição do evento ocorreu nos dias 28 e 29 de novembro de 2019, no Instituto Serzedello Corrêa (ISC), em Brasília.

Ao encerrar esta terceira edição do Fórum, reforcei a necessidade da boa governança no país, alertando que para alcançarmos o desenvolvimento, é preciso capacidade para promover inovações, o que passa pelo risco, mas também pela perspectiva de gerar crescimento e confiança. Tudo isso só se consegue com uma boa governança. Ademais, defendi a cooperação entre os órgãos de controle latino-americanos, em questões comuns aos países, como a governança em fronteiras. Reforcei, ainda, a importância da atuação conjunta da rede de controle e do Executivo Federal, tema que foi amplamente debatido na abertura do encontro.

O controlador-geral do Peru e presidente da Organização Latino-Americana e do Caribe de Entidades Fiscalizadoras Superiores (Olacefs), Nelson Shack, também destacou a necessidade de uma maior integração entre os países sul-americanos, bem como de "modelar melhor o controle governamental para que não seja somente um controle posterior externo, mas que atue para acompanhar a execução das principais intervenções nas políticas públicas". Afirmou que o controle é fundamental não apenas para ajudar no combate à corrupção, mas também para promover intervenções públicas com melhor qualidade, que permitam prover aos cidadãos bens e serviços necessários ao processo de desenvolvimento.

Neste Fórum foi possível observar os frutos do longo trabalho realizado até então, com a informação de que o governo brasileiro está fortalecendo os comitês internos de governança de cada ministério, inclusive aderindo à responsabilidade e, junto com o controle, monitorando as grandes obras do país.

A organização do evento contou com parcerias, como a Controladoria-Geral da União (CGU), o Instituto Rui Barbosa (IRB), a Associação dos Membros dos Tribunais de Contas (Atricon), a Frente Nacional de Prefeitos (FNP), a Confederação Nacional de Municípios (CNM), o Conselho Nacional de Presidentes dos Tribunais de Contas (CNPTC), o Conselho Nacional de Controle Interno (Conaci), o Conselho de Dirigentes de Órgãos de Controle Interno da União (Dicon), a Associação Nacional dos Ministros e Conselheiros-Substitutos dos Tribunais de Contas (Audicon) e o Sistema CNA Brasil.

Além disso, o encontro contou com a presença de autoridades, dirigentes e representantes dos três poderes da República, além de integrantes de órgãos públicos e instituições representativas da sociedade civil. Entre eles, o presidente da República, Jair Bolsonaro; o vice-presidente, General Hamilton Mourão; o presidente do TCU, José Múcio Monteiro, o ministro-substituto, Augusto Sherman, e o procurador-geral da República, Augusto Aras.

A palestra magna proferida por mim teve como tema "Governança pública para transformar o Brasil: a contribuição do controle". A programação foi composta por talk shows, oficinas e palestras que abordaram questões como governança e integração do controle; desenvolvimento regional com foco no cidadão; transparência e integridade na administração pública; infraestrutura e os novos desafios do setor; transparência e integridade na administração pública; e governança de aquisições, inovação e desburocratização.

O tema debatido na abertura do terceiro Fórum de Controle Nacional trouxe unanimidade entre as autoridades presentes ao afirmar que a cooperação interinstitucional é um elemento essencial tanto para as redes de controle quanto para os gestores, a administração pública e a sociedade.

Em seu discurso durante a cerimônia, o presidente do TCU, Ministro José Múcio Monteiro, afirmou que

> a colaboração entre os órgãos de controle se revela mais importante no momento em que o nosso país vivencia restrições de ordem econômica

> e fiscal que atingem todos os níveis de governo. Precisamos discutir caminhos para melhorar a forma como os recursos públicos são gerenciados e utilizados, porque disso depende a capacidade do Estado em entregar os serviços públicos que a população precisa. Cabe a nós assegurar que a aplicação do dinheiro público seja transparente, dê efetivo retorno às pessoas e ajude a construir uma sociedade mais justa.

O presidente da República, Jair Bolsonaro, elogiou a iniciativa de realizar o encontro e afirmou que busca entregar um país melhor do que quando assumiu a Presidência, em janeiro do ano passado. Além disso, reconheceu o Tribunal de Contas da União como uma das peças mais importantes na equipe de governança e integridade do país.

Para o procurador-geral da República, Augusto Aras, o diálogo interinstitucional permanente é um elemento fundamental ao Estado democrático de direito:

> Precisamos de um Estado estruturado e que esteja centrado nas suas instituições. [Isso se faz] com o diálogo permanente entre elas, especialmente em um ambiente que congrega órgãos de fiscalização e controle. Nós vamos dar a nossa contribuição para que os nossos governantes possam fazer a melhor gestão possível.

Como afirmou o ministro da Controladoria-Geral da União, Wagner Rosário, a corrupção e a falta de governança são entraves para o desenvolvimento de um país.

> Os órgãos de controle têm a missão de fiscalizar os recursos públicos e, ao mesmo tempo, criar mecanismos para melhorar a governança e o combate à corrupção, sem criar uma burocracia desnecessária, que crie o efeito inverso. Teremos muitas discussões aqui e espero que essa nossa integração consiga efetivamente auxiliar os gestores públicos, que têm uma dificuldade enorme de fazer com que as políticas cheguem na ponta. Nós temos o papel de desburocratizar esse processo e ajudá-los, pontuou.

Ainda acerca da palestra magna, afirmei que um grande desafio para a América Latina é entregar resultados para a sociedade. A base do desenvolvimento se faz com políticas públicas, especialmente em países em processo de desenvolvimento. Nós, latino-americanos, somos países muito dependentes do Estado, que é o principal ator para se promover desenvolvimento. Mas se não há um Estado que funciona, que se moderniza, não há a entrega de um bom serviço para a sociedade. Então, é necessário que tenhamos ciência desses desafios para seguir adiante com metas e objetivos bem estabelecidos.

Nesse sentido, a boa governança é a chave para vencer os desafios da busca pela responsabilidade fiscal, pela estabilidade monetária – para gerar perspectiva de crescimento e desenvolvimento e pela eficiência e racionalização. Ainda no Fórum, ressaltei o animus do controle em trabalhar preventivamente para auxiliar a administração pública. Isso traduz um grande passo para se estabelecer a ordenação federativa.

Ordenação esta que só se torna possível com uma boa interação entre todos os entes federativos. Por isso precisamos trabalhar juntos, inclusive para implementar a governança nos estados e municípios, como fizemos no governo federal.

Um dos tópicos de debate neste Fórum foram os desafios do controle e como as redes de controle latino-americanas podem atuar conjuntamente, em prol do bom uso dos recursos público e do bem comum. A discussão contou com a participação do secretário-executivo da Controladoria-Geral da União (CGU), José Marcelo de Carvalho; do controlador-geral do Conselho Nacional do Controle Interno (Conaci), Rodrigo Fontenelle; do presidente da Atricon, Fábio Nogueira; do presidente da Olacefs, Nelson Shack e de Cláudio Sarian, assessor do ministro Nardes.

Eles destacaram uma necessidade crescente de mudar o enfoque e reposicionar as instituições de controle para que elas atuem não apenas posteriormente, mas de maneira preventiva.

> Temos que inovar, para além das mudanças normativas. Temos que gerar mecanismos de abertura e compartilhar experiências. Muitos países estão avançando, muito rapidamente, em gerar novas boas práticas em relação ao tema da prevenção. Precisamos ajudar o gestor, nos ocupar de resultados e acompanhá-los sistematicamente, de maneira multidisciplinar. É um processo complexo, que também requer uma mudança cultural aos gestores, ressaltou o presidente da Olacefs, Nelson Shack.

O futuro das gerações vindouras dependerá de ferramentas como essas. Milhões de brasileiros saíram às ruas em busca de esperança e, malgrado alguns excessos, de forma pacífica, com as cores do Brasil, levaram suas angústias.

O que acontecerá no futuro se continuarmos com a improvisação? Milhares já estão desencantados e muitos partindo em busca de emprego e segurança em outras nações.

Qual será o futuro de nossos filhos? Fé e perseverança sempre foram pensamentos que jamais perdi ao longo do tempo. O pranto pode durar toda uma noite, mas a alegria virá ao amanhecer. Não podemos desistir do Brasil nem fadar ao desencanto nossas gerações vindouras.

A nação está abalada emocionalmente. Precisamos reencontrar o caminho. Os pais e mães sempre buscam forças para alimentar e orientar as suas famílias. Governança significa direcionar, avaliar e monitorar. Como fazem os pais, temos que fazer com a mãe pátria: melhorar a governança.

Justamente com o intuito de buscar caminhos, soluções e respostas para a implementação de uma melhor governança no país, surgiu o projeto da Rede de Governança Brasil.

Com o slogan homônimo ao título deste livro, "Da governança à esperança", a Rede Governança Brasil (RGB) começou seu trabalho como um movimento cívico colaborativo e qualificado tecnicamente composto por servidores públicos, professores, especialistas e sociedade civil, que trabalhavam em conjunto para disseminar as boas práticas de governança no setor público. Em 2021, a RGB evoluiu para uma associação, tornando-se uma entidade sem fins lucrativos com a razão social *Associação Latino-Americana de Governança* ou *Rede Governança Brasil*, seu nome fantasia.

Quando a RGB foi fundada por mim, juntamente com meu assessor, Luis Afonso Gomes Vieira, e minha filha, Cristiane Nardes Farinon, não tínhamos ideia de como ela cresceria rápido. Fundada em 7 de julho de 2019, o primeiro encontro do grupo foi realizado pouco tempo depois, no dia 27 de agosto do mesmo ano no Restaurante Bartolomeu, localizado na Asa Sul em Brasília. Na ocasião, como mostra a foto a seguir, poucos integrantes faziam parte do movimento.

Primeiro encontro da Rede Governança Brasil. Grupo pequeno formado por entusiastas da matéria.

Dentre as autoridades presentes, o Ministro Wagner Rosário, da Controladoria Geral da União (CGU), que esteve conosco desde o primeiro encontro da RGB, sendo um grande apoiador do movimento.

Da esquerda para a direita, Wagner Rosário (CGU), Augusto Nardes (TCU) e Maurício de Albuquerque Wanderley (TCU).

A RGB surgiu de um propósito maior e senso de urgência sobre a necessidade de uma implementação efetiva da boa governança no âmbito da administração pública. Senti que somente o meu trabalho na tentativa de disseminar as boas práticas de governança pelo Brasil, batendo de porta em porta nos órgãos públicos, governos e prefeituras, e fazendo palestras para sensibilizar as autoridades, além dos livros publicados sobre o tema, não era suficiente, precisava de uma rede forte de contatos que apoiasse a causa comigo. Foi com esse propósito que fundamos a Rede Governança Brasil, a fim de ganharmos capilaridade no país, pois precisávamos chegar aos estados e municípios com a metodologia. Trabalhar em rede é unir esforços com pessoas que pensam da mesma forma, na tentativa de criar uma consciência global com interesses e/ou valores parecidos, o Brasil precisa disso.

Percebi, ao longo de minha jornada, que muitas pessoas, assim como eu, enfrentavam diariamente o desafio de trabalhar com governança e integridade. A propagação de escândalos de corrupção nos últimos anos demonstrou que o vício corruptivo, para além de um problema moral, histórico e cultural, também deve ser analisado sob o viés político e institucional, está intrínseco na administração pública brasileira e precisamos combater esse mal. Para mitigar esses riscos, as boas práticas de governança, implantação de programas de integridade, planejamento estratégico, com base nos mecanismos de liderança, estratégia e controle, é o que eu e a Rede Governança Brasil defendemos.

Foi nessa busca diária por apoiadores ligados à governança pública que as pessoas interessadas começaram a surgir e a compor o movimento. Uma pessoa foi passando a mensagem para a outra, e assim nossa rede foi crescendo de forma rápida e orgânica.

Tenho muito orgulho do trabalho desenvolvido e reconheço todo esforço investido por todos os colaboradores do movimento. Não é tarefa fácil! Eu mesmo uso meus horários livres, depois de um dia pesado no Tribunal de Contas da União, para participar das reuniões da Rede. Gosto de estar acompanhando os trabalhos, principalmente dos comitês técnicos, pois eles são o coração da Rede. Tento sempre levar uma palavra de motivação para os colegas. Meu papel tem sido este: levar ânimo, mensagens positivas e de esperança.

Ao longo do ano de 2019, a Rede Governança Brasil cresceu muito rápido, e o que era um pequeno grupo de vinte pessoas, em seu primeiro jantar, em questão de meses, já no terceiro jantar, havia 80 pessoas presentes. E, assim, o primeiro planejamento estratégico foi apresentado.

Jantar da Rede Governança Brasil.
Apresentação do Planejamento Estratégico 2020-2024.

Jantar da Rede Governança Brasil. Brinde com os colegas em comemoração aos trabalhos voluntários daquele ano. Da esquerda para a direita: Manoel Fonseca, José Augusto Nardes, Mauro Sparta, Augusto Nardes, Marcelo Barros e Cristiano Heckert.

Em maio de 2021, a RGB já estava presente em 21 estados e no Distrito Federal, e em outros quatro países: Argentina, Itália, Estados Unidos e Portugal. Além disso, já contava com quase 300 voluntários que trabalham de forma colaborativa por um país melhor. Todos os colaboradores passam por um filtro, avaliamos se os voluntários possuem ligação com a governança e, principalmente, se poderão contribuir para os trabalhos colaborativos, pois isso requer investimento de tempo e dedicação. Filantropia.

Todos os participantes recebem um Código de Conduta ao entrarem para o movimento, em que se comprometem e concordam em usar o movimento exclusivamente para a troca de experiências, boas práticas e trabalhos voluntários em prol do Brasil, bem como, doar parte do seu tempo para levar a mensagem da governança por onde estiverem ou trabalharem. A Rede Governança Brasil tem como seu maior foco viabilizar uma sociedade mais próspera e íntegra, a partir da promoção dos mecanismos da governança pública, isto é, por meio da liderança, da estratégia e do controle.

Em fevereiro de 2021, a RGB deu um grande passo. Depois de crescer de forma rápida, organizada e com perspectivas de avançar ainda mais, percebi que o movimento poderia ir além do que já havia sido construído. Realizei várias reuniões com os voluntários e, de forma democrática, resolvi entregar o projeto da Rede para o Brasil. Deixei o "filho sair de casa e caminhar com as suas próprias pernas", como se diz. Com isso, no Dia Mundial da Ética, comemorado em 23 de fevereiro, fundamos a Associação Latino-Americana de Governança ou Rede Governança Brasil, nome fantasia, um marco histórico e emocionante para mim. Na ocasião, fui homenageado como Embaixador da Rede Governança Brasil, juntamente com o Ministro Wagner Rosário da Controladoria Geral da União e a Advogada Geral da União Adjunta Vládia Pompeu, que receberam os títulos de associados beneméritos pelos trabalhos voluntários realizados em prol da nação e pela RGB. Lançava-se ali a primeira associação latino-americana focada em governança pública, trazendo luz e, principalmente, mais estrutura para os trabalhos voluntários realizados.

Com uma estrutura prevista em estatuto de ser a mais democrática possível, em assembleia geral tomaram posse em evento o Conselho de Administração, o Conselho de Ética, o Conselho Fiscal, a Ouvidoria Geral e a Diretoria Executiva. Nas fotos que se seguem, os voluntários empossados.

Conselheiros e Diretoria Executiva da Rede Governança Brasil, juntamente com os Associados Beneméritos.

Augusto Nardes, embaixador da Rede Governança Brasil, no dia da fundação da associação, 23 de maio de 2021.

Da esquerda para a direita: Luiz Antonio P. Valle, Presidente do Conselho de Administração RGB, Petrus Elisbão, Presidente Executivo RGB, Vládia Pompeu e Wagner Rosário, Associados Beneméritos RGB

Após a fundação da associação prosseguimos com os trabalhos voluntários, já que contávamos com um corpo técnico muito preparado para conduzir a gestão da RGB. O organograma a seguir mostra a estrutura organizacional que compõe a associação.

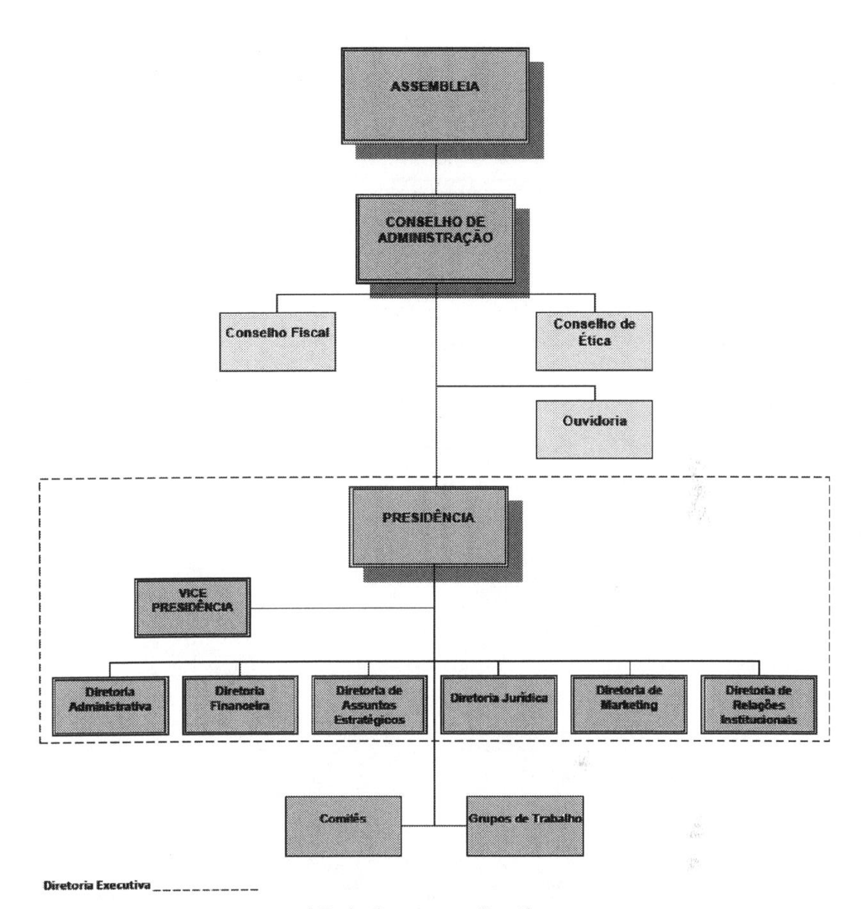

Fonte: Estrutura organizacional Rede Governança Brasil

O Corpo diretivo da Associação Latino-Americana de Governança/Rede Governança Brasil é composto por:

Conselho de Administração
Luiz Antonio P. Valle - Presidente
Cristiane Nardes Farinon - Vice-Presidente
Alexandre Colares - Conselheiro
Carla Lage - Conselheira
João Felipe Cunha Pereira - Conselheiro
Paulo Menzel - Conselheiro
Raquel Lopes - Conselheira
Rosimar Suzano - Conselheira

Diretoria Executiva
Petrus Elesbão - Presidente
Flavio Feitosa - Vice-presidente
Douglas Avedikian - Diretoria de Gestão Estratégica
Elise Brites - Diretoria Institucional
Henrique Farinon - Diretoria Financeira
Leonardo Andreotti - Diretoria Jurídica
Luís Fernando Machado - Diretoria Administrativa
Macleuler – Diretoria Internacional

Conselho Fiscal
Renata Andrade - Presidente
Lucas Paglia - Conselheiro
Renato Breunig – Conselheiro
Walter Marinho – Suplente

Conselho de Ética
Roberta Codignoto - Presidente
Bruno Ferolla - Conselheiro
Marcella Blok - Conselheira
Clarissa Carvalho - Suplente

Ouvidoria Geral
Pedro Henrique Souza

Comitês e Grupos de Trabalho:
I - Comitê Governança no Controle Externo
II - Comitê Infraestrutura e Logística
III - Comitê Governança em Educação
IV - Comitê Governança em Estatais
V - Comitê Governança em Ciência, Tecnologia e Inovação
VI - Comitê Governança na Prática
VII - Comitê Governança em Saúde
VIII - Comitê Anticorrupção e *Compliance*
IX - Comitê Governança e Gestão de Riscos
X - Comitê Aprovação do PL de Governança
XI - Comitê de Eventos

XII - Comitê de Capacitação
XIII - Comitê Governança na Segurança Pública
XIV - Comitê Governança no Sistema Judiciário
XV - Comitê Governança no Poder Legislativo
XVI - Comitê Implantação da Governança nos Municípios
XVII - Comitê Governança em Lei Geral de Proteção de Dados (LGPD)
XVIII - Comitê Governança no Esporte
XIX - Comitê Governança em Gestão de Pessoas
XX - Comitê Governança na Agricultura, Pecuária e Abastecimento
XXI - Comitê de Orações e Ações Sociais
XXII - Comitê Governança na Cultura, Turismo e Lazer
XXIII - Comitê de Relações Internacionais
XXIV - Comitê de Governança em Minas e Energia
XXV - Comitê Governança e Desenvolvimento Econômico
XXVI - Comitê Governança para Micro, Pequenas e Médias e Empresas
XXVII - Comitê Governança para o Desenvolvimento Social e Humano
XXVIII - Comitê Governança na Indústria e Comércio
XXIX - Comitê Governança em Contratações
XXX - Comitê Mulheres da Governança
XXXI – Comitê Desenvolvimento Sustentável
XXXII – Comitê de Planejamento Estratégico
XXXIII – Grupo de Estudos RGB/ENAP
XXXIV – Grupo de Trabalho Cartilhas de Governança
XXXV – Grupo de Trabalho Relatório de Gestão
XXXVI – Grupo de Trabalho Prêmio Rede Governança Brasil
XXXVII - Comissão Nacional de Governança nos Estados

Planejamento Estratégico da Rede Governança Brasil 2021-2024

Missão

Disseminar a governança pública e privada no Brasil e na América Latina, com integração, estimulando a cultura da Governança na sociedade.

Visão

Ser reconhecida como uma entidade que fomenta a implantação da Governança Pública no Brasil de forma íntegra, ética, transparente e com foco na entrega de valor à sociedade, contribuindo para um país mais competitivo e desenvolvido socialmente e economicamente, de maneira sustentável.

Valores

Coerência, Colaboração, Diversidade e Proativismo.

Objetivos Estratégicos

1. Aprimorar a Governança e a Gestão Pública por meio da disseminação das boas práticas de governança na União, nos Estados, nos Municípios e no Distrito Federal;
2. Fomentar os trabalhos da REDE, de forma colaborativa, focando em resultados prósperos à sociedade brasileira;
3. Intensificar a atuação da REDE por intermédio da sensibilização da alta administração que governa o País;
4. Unificar a teoria da Governança Pública entre os colaboradores da REDE;
5. Induzir a mudança cultural em todas as esferas pela aplicação definitiva da Governança Pública.

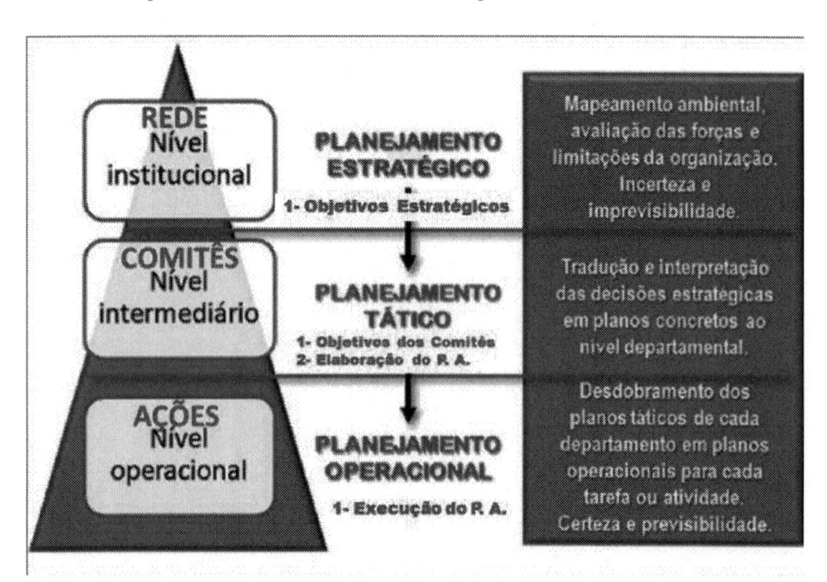

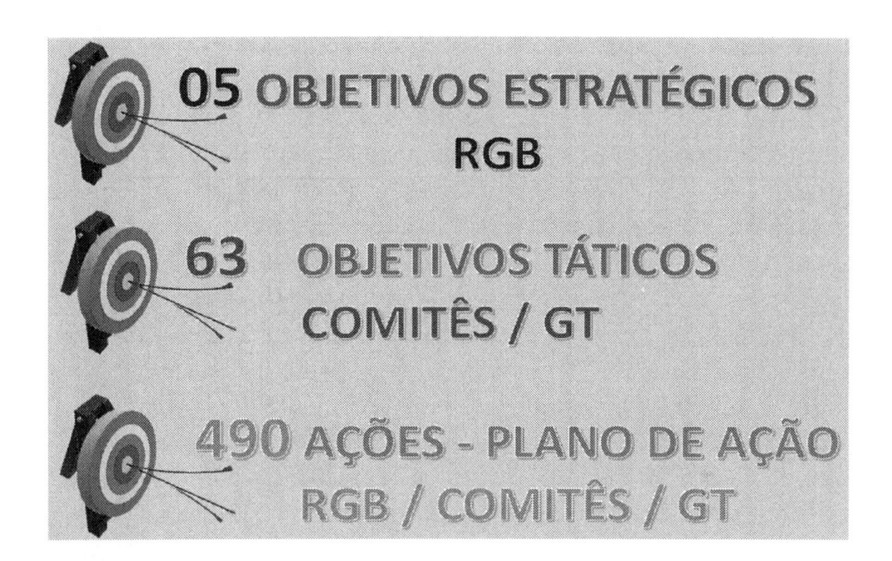

A Rede Governança Brasil avança com velocidade. Em maio de 2021, através de apoio de colegas da Argentina, presentes na rede, lançamos a Rede Governança Argentina (RGA), replicando o modelo brasileiro, a fim de levar as boas práticas de governança para o país vizinho. Temos como meta usar nosso movimento brasileiro como referência para outros países da américa-latina.

A conscientização de que a governança pública pode ser uma grande alternativa para que o Brasil e outros países consigam prosperar é um dos meus propósitos de vida. Encaro isso como uma missão pessoal e quero deixar esse legado para as próximas gerações. Levar este pensamento ao maior número possível de pessoas é minha meta. E, para atingir este fim, além da RGB, tenho feito palestras, escrito artigos e livros na busca de disseminar a tese da governança.

Acredito que através da capilaridade da rede, dos trabalhos voluntários do movimento e da união de esforços possamos levar as boas práticas de governança aos gestores públicos, gerando uma conscientização ampla sobre a importância da aplicação da política de governança nos órgãos públicos brasileiros, a fim de que tenhamos um país mais digno, ético, transparente e com melhores políticas públicas à sociedade.

Confio que um poder público mais bem preparado e com uma política de governança implementada em toda as esferas e poderes, baseada nos mecanismos de liderança, estratégia e controle, o país poderá resgatar a confiança e dar esperança aos brasileiros de dias melhores.

Por acreditar nesse propósito, estou trabalhando incansavelmente e de forma voluntária com os integrantes da RGB. Somos uma família. Porém, precisamos avançar mais para seguirmos em frente com o projeto da governança. Acredito que a RGB é uma ferramenta poderosa de transformação para o Brasil. Com a rede, vamos otimizar esforços, potencializar ações, fortalecer atores em prol de um país mais decente, deixando, assim, um valioso legado para as gerações vindouras.

Esse é o caminho e cada um precisa fazer a sua parte. Não é uma panaceia para todos os males do Brasil, mas, com certeza, é o melhor caminho, a alternativa mais segura que vislumbramos para o país. É a minha visão e missão pessoal, calcada na trajetória da vida pública que percorri, no Parlamento, no Tribunal de Contas da União, fruto dos debates técnicos que travamos, dos processos que julguei, dos votos que redigi, dos momentos políticos que presenciei e protagonizei. É o somatório de reflexões de alguém que acompanhou muito de perto a evolução de seu país e que enxerga o Brasil com os olhos voltados para o futuro.

Da governança à espernança, podemos transformar o Brasil!

UM TRIBUNAL DE CONTAR A VERDADE

O que se escreve ou se diz quando tudo já foi dito? Esse é o problema essencial de um "pós-fácio", a palavra que vem após a obra concluída. O iluminado mestre Ives Gandra, decano de todos nós, inclusive na Academia Internacional de Direito e Economia, espécie de olimpo do rarefeito pensamento político nacional, que ele inspiradamente fundou em 1987, e que ambos presidimos, em tempos diversos, teve mais sorte do que seu colaborador menor, inclusive na contribuição a este maravilhoso livro, por chegar primeiro, e escrevendo o "pré-fácio". A ele, com justiça, coube saudar a personalidade ímpar do autor, Augusto Nardes.

Ao abordar o papel do Tribunal de Contas pelo que é, no seu âmago, um órgão RESPONSABILIZADOR ("*accountability court*"), mestre Ives, como arquiteto de ideias originais, há muito tempo já fez a síntese da missão do TCU: contar a Verdade, tal qual esta diáfana senhora se nos apresenta, como uma fugidia lua boiando no espelho do lago, numa paráfrase do imortal Fernando Pessoa. Pois quem será aquele homem que fita a lua com seu olhar inquisitivo e sereno? Augusto Nardes, esse é o nome do personagem que deu ao Tribunal de Contas do Brasil – digo isso com solenidade, pois o fez para sempre – a "verdade" de sua missão institucional, que é nada menos do que escarafunchar a tal Verdade, a verdade pública, aquela que a todos os cidadãos deveria pertencer por direito político fundamental.

O TCU tem longa e bonita história no nosso País. Já vem de completar seu primeiro centenário, nascido, ou renascido, do ventre intelectual do mais aquilado de todos os brasileiros, Ruy Barbosa. Não poderia o tribunal ter sobre si melhor paternidade, pois na privilegiada cabeça de Ruy confluíam os dois grandes rios da civilização, o do Direito e o da Economia Política, que se juntam para formar o caudal que rega uma República Federativa, como a do Brasil. Cada ministro do TCU carrega em si, portanto, o peso de uma toga invisível que o "condena" a ser a sentinela protetora da Lei (a "*rule of law*") e da Economia Racional, pilares fundamentais a assegurar a possibilidade do desenvolvimento sustentado e do progresso de todo o povo numa sociedade politicamente constituída. Não é parca missão. Sobretudo porque o cometimento do Tribunal é, nada menos, do que o de manter acesa, permanentemente, a chama do que chamamos de Verdade.

E daí as contas. O que se conta se sabe. O que não se conta não se revela e, verdade escondida, verdade não é. A revelação da verdade é o papel do tribunal. Se o que ele conta procede, então são contas aprovadas, e cidadania valorizada pela confluência do respeito à Lei com a obediência à racionalidade na "gestão da casa" (*ekos-nomos*, do grego, a regra da casa, a economia). Caso não procedam as contas, é preciso recontar. Impõe-se nova narrativa. Por mais dura que seja, a pedagogia da verdade é o dia a dia do TCU e dos seus ministros, seus técnicos, e até de seu mais modesto colaborador. Investidos que são da missão do templo que mantém a Verdade, o Tribunal deve estar sempre preparado para fazer as contas e contar os fatos, na única narrativa que respeita o passado e planta o futuro.

Por tal razão para sempre ficará gravada, nas paredes invisíveis do nosso tribunal das contas brasileiras, a narrativa do Relatório Nardes de 2014. Por não proceder à verdade, nem respeitar a confluência mínima do respeito à lei com a observância da gestão racional do País, o ministro-relator das Contas da União de 2014, com sua valorosa equipe técnica e seus pares ministros, se viram na contingência de atuar na mais espinhosa etapa de sua missão: a de recontar a verdade daquelas contas, por mais embaraçosa que fosse a nova narrativa em face dos protestos de um poder até então incontrastável, o da Presidência da República. Mas Nardes fitou a lua e, em seguida, serenamente, revelou o que viu. Algo naquele brasileiro deve ter remontado ao DNA dos Ribeiro Nardes, que tanto fitaram luas atravessando os ermos desse grande território pátrio, fazendo cada célula de seus corpos a amarem mais o Brasil, como deve ser amado.

Digo isso dessa forma – e tal fica revelado no seu livro-depoimento –, porque Nardes foi submetido a pressões a que poucos resistiriam, na ânsia de tantos por deixar a verdade escondida, manietada, amordaçada, estuprada em sua beleza resplandecente. Era uma batalha ciclópica, decisiva. Para felicidade dos brasileiros que ainda nem nasceram, a verdade foi defendida. Havia um gaúcho com a bravura dos Pampas como sentinela da chama. Não conseguiram abater a sentinela. A tropa de ministros a ele se juntou, unânime, para defender o valor essencial de seu mister.

A aula de governança que o TCU exige aos demais, aplicou-a ele, Tribunal de Contas, antes a si mesmo, para contar a verdade aos brasileiros. Por isso, em plena crise recessiva, podemos dizer que o PIB ético do Brasil bateu um recorde de expansão em face da rota "desgovernança" de maus gestores. Crescemos. Melhoramos. Fortalecemos nossa cidadela contra a escuridão da mentira. Por causa de Nardes e de seus companheiros, fomos todos, um dia, "*Amici Veritatis*", amigos da Verdade. Que nunca mais esse dia termine.

Paulo Rabello de Castro

O Brasil precisa de uma lei da governança? Muitos bradarão que não, especialmente neste momento desafiador que atravessamos, em que políticos e instituições têm sido bastante questionados. Outros lembrarão que no país, União, Estados e Municípios editaram mais de cinco milhões de normas desde a promulgação da atual Constituição Brasileira, em 5 de outubro de 1988. Os dados, divulgados pelo Instituto Brasileiro de Planejamento e Tributação, demonstram que a causa da estagnação brasileira, nem de longe, pode ser atribuída à ausência de normativos.

Embora também não acredite que leis sejam o remédio para todos os males, tenho buscado sensibilizar o atual governo a respeito da necessidade da edição uma Lei da Governança Pública, ou mesmo de um Decreto, restrito ao Executivo Federal. Penso que neste momento turbulento, após um período de recessão histórica, combinada com operações policiais envolvendo as mais altas lideranças públicas e privadas do país, essa iniciativa pode reunir centenas de normativos esparsos sob a matéria e contribuir para recolocar o Brasil na rota do desenvolvimento, além de reduzir drasticamente as notícias negativas nas páginas policiais.

A governança pública tem sido minha cruzada desde 2012, quando me preparava para exercer a presidência do Tribunal de Contas da União (TCU). Desde então, tenho promovido debates com governantes, com a sociedade brasileira e com mais de 40 mil gestores de todo o país sobre a importância de serem aperfeiçoadas as práticas governamentais para direcionar, monitorar e avaliar os gestores e as políticas públicas.

No livro *Governança Pública: o Desafio do Brasil*, de minha coautoria, apresentamos a melhoria do Estado brasileiro como um desafio primário a ser vencido para que o Brasil possa alcançar o patamar de desenvolvimento das nações mais avançadas do planeta.

No TCU, a melhoria da governança pública passou a ser um dos principais temas de nossos trabalhos, boa parte deles realizados em parceria com os tribunais de contas dos estados brasileiros e dos países da América Latina e Caribe. Foi por meio desses trabalhos que identificamos problemas de liderança, estratégia e controle nos diversos órgãos públicos que tratam de áreas relevantes para o país, como segurança pública, saúde, educação, meio ambiente.

Entre tantos prejuízos e serviços públicos de baixa qualidade prestados pela ausência de boas práticas de direcionamento, avaliação e monitoramento, podemos citar a decisão de construir diversas refinarias da Petrobras, quase todas com preço final bem superior ao custo planejado. As refinarias Premium I e II, que seriam erguidas no Nordeste, foram abandonadas deixando um prejuízo de mais de R$3 bilhões de reais. No Complexo Petroquímico do Rio de Janeiro (Comperj) e Abreu e Lima, o TCU já identificou prejuízos superiores a R$2,5 bilhões, por conta do qual determinou o bloqueio de bens das empresas envolvidas. É claro que o esquema de corrupção que agora se descortina à nação, e que pode alcançar cifras superiores a R$20 bilhões, influenciou nas decisões. Mas a má governança foi elemento crucial para que isso ocorresse.

Outro caso recente e emblemático de má governança pode ser ilustrado pela construção das Unidades de Pronto Atendimento (UPA). Concebidas pelo Governo Federal para ser um elemento intermediário entre a atenção básica e o atendimento hospitalar, a ideia tem ficado pelo caminho pela falta de coordenação entre os entes federados. Em face da ausência de recursos de estados e municípios, hoje temos 160 UPAS construídas sem prestar atendimento, por falta de equipamentos, pessoal e outros recursos para funcionar.

Ao realizarmos todos esses trabalhos, tivemos oportunidade de trocar experiências com organizações importantes de todo o mundo, que lidam com a governança. A partir de um estudo com a Organização para Cooperação e Desenvolvimento Econômico (OCDE), realizado após minha visita a dirigentes da instituição, em Paris, catalogamos boas práticas de governança de doze países avançados nesse quesito, entre eles Estados Unidos, França, Coreia e Chile. Construímos referenciais de governança, nos quais agrupamos essas boas práticas e verificamos, por meio do Índice Geral de Governança – IGG, que as instituições públicas ainda são principiantes nesse tema.

Constatamos, por exemplo, que 37% das organizações federais não estabelecem adequadamente o processo de seleção de membros da alta administração e de conselhos ou colegiado superior; 69% das instituições federais não se responsabilizam de forma adequada pela gestão de riscos e controles internos; e 55% de todas as organizações não explicitam na estratégia da organização (ou o fazem de forma inadequada) os objetivos, iniciativas, indicadores de desempenho e metas.

Esses dados e constatações reforçam a necessidade, segundo entendo, de uma orientação nacional para avançarmos no ato de governar bem. Nesse sentido é que tenho defendido a edição de um normativo que estabelece regras claras de liderança, estratégia e controle. No ano passado, tive a grata surpresa de verificar que minhas tratativas com vários ministros do governo à época resultaram na publicação da Instrução Normativa nº 1/2016, editada de forma conjunta pelo Ministério do Planejamento e pela Controladoria Geral da União (CGU). Embora possa ser considerado um importante marco para a Administração Pública brasileira, esse normativo contém apenas dispositivos de controle, não avançando sobre questões cruciais como critérios para escolha da alta liderança e planejamento de longo prazo, por exemplo.

No início do atual governo, a edição da Lei nº 13.303/2016 sinalizou mais avanços a respeito da matéria, mas apenas para as estatais brasileiras. A lei tratou de temas como a profissionalização da gestão das empresas, novas regras para nomeação de gestores, inclusive dos conselhos, impedimento para dirigentes de partidos e pessoas que tenham atuado em campanhas eleitorais assumirem cargos por determinado período e acesso irrestrito aos órgãos de controle, como o TCU. Tenho forte convicção de que os novos dispositivos concebidos teriam evitado boa parte da perda bilionária que tivemos, especialmente na Petrobras.

É nesse contexto que o TCU desenvolveu, sob a coordenação de meu Gabinete, estudos com o objetivo de subsidiar a elaboração de proposta de lei ou de decreto da governança, que fosse mais amplo e abrangente que a IN nº 1/2016 e que a Lei nº 13.303/2016. Além das boas práticas resumidas nos referenciais do Tribunal, nossa proposta foi inspirada em normativos de governança de países mais avançados no assunto, como Estados Unidos, da

Austrália e da Alemanha, respeitadas as particularidades e a realidade local.

A proposta foi apresentada a integrantes do atual governo, de quem obtive total apoio para a edição, por ora, de um decreto da governança. No texto elaborado, há dispositivos disciplinando critérios de escolha de ministros, da alta liderança governamental e dos principais dirigentes; organização de um centro de governo, capaz de auxiliar o presidente na tomada de decisões e no monitoramento das ações; papel da auditoria interna e de conselhos de melhoria de desempenho; exigência de uma estratégia de longo, médio e curto prazo; regras para dar mais transparência às ações, especialmente aquelas que não lograram os resultados esperados.

Obviamente, conforme destaquei no início, não acredito que a simples edição de um normativo tenha, por si só, o condão de movimentar a Administração Pública rumo a caminhos mais alvissareiros. É necessário elaborar um projeto de implementação, no qual sejam estabelecidas prioridades, responsáveis e prazos. É nesse ponto que estão nossos atuais debates com representantes da Presidência da República, Casa Civil e Ministérios do Planejamento e da Transparência (CGU), a quem presto minhas homenagens pela disponibilidade nas tratativas e pelo grande interesse pelos destinos do país, a despeito das incertezas políticas que nos cercam.

A iniciativa será exitosa, tenho certeza, especialmente pelo engajamento do Presidente Temer, de seus ministros e das principais lideranças do governo. Que fique claro que somente com seus esforços é que o Decreto da Governança brasileira, que tanto defendemos, poderá se constituir em um mecanismo útil para termos, doravante, governos melhores. Caso contrário, será apenas mais um dos milhões de normativos que se proliferam no país.

O próximo passo será engajar estados e municípios para obtermos um normativo nacional com boas práticas de governança. Esse assunto já vem sendo debatido com representantes do Controle Interno e Externo de todo o Brasil, nas tratativas que temos mantido para a criação do Fórum do Controle, instituto que idealizei em parceria com tribunais de contas do país e outros parceiros, com o objetivo de incrementar a capacidade dessas instituições de controlar os gastos públicos e colaborar para o desenvolvimento da Administração Pública brasileira.

Agradeço aqui o meu assessor, Luis Afonso Gomes Vieira, que coordenou o grupo de trabalho do TCU, responsável por elaborar o normativo anexo, que ora se discute com os componentes do governo Temer. Agradeço, de igual forma, os componentes do referido GT: Cláudio Sarian Altounian, Angela Brusamarello, Rodrigo Araújo Vieira, Rogério Cesar Mateus Correa e Antônio Alves de Carvalho Neto, todos auditores do TCU.

PL GOVERNANÇA PÚBLICA
(sujeito a alterações futuras)

PROJETO DE LEI Nº , ...DE..............DE 2017

Dispõe sobre a Política de Governança Pública

O CONGRESSO NACIONAL decreta:

Âmbito de Aplicação

Art. 1º Esta lei estabelece a Política de Governança Pública no âmbito dos Poderes da União.

Parágrafo único. Inclui-se também no âmbito de aplicação desta Lei o Ministério Público e a Defensoria Pública.

Art. 2º Os atos complementares necessários para o cumprimento do disposto nesta Lei serão editados:

I – pelo Poder Executivo, para o âmbito da administração pública federal direta, autárquica e fundacional;

II – pelos Poderes Judiciário, Legislativo e para os órgãos e entes de que tratam os incisos I e II do *caput*, no seu âmbito interno.

Parágrafo único. Os atos complementares de que trata o caput deverão ser editados em até 180 dias, a contar da publicação desta lei.

Art. 3º Para efeitos desta Lei, entende-se como:

I – governança pública: conjunto de estruturas, funções, processos e práticas organizacionais que visam garantir que as ações planejadas sejam executadas com vistas a atingirem seus objetivos e resultados de forma transparente;

II – valor público: produtos e resultados gerados, preservados ou entregues pelas atividades de uma organização, que representem respostas efetivas e úteis às necessidades ou demandas de interesse público e modifiquem certos aspectos do conjunto da sociedade ou de alguns grupos específicos reconhecidos como destinatários legítimos de bens e serviços públicos;

III – alta administração: cargos ou funções com status de Ministro, principais gestores das autarquias e fundações e secretários-executivos e cargos ou funções equivalentes;

IV – gestão de riscos: processo efetuado pela estrutura de governança, pelos gestores e por outras pessoas, aplicado na definição da estratégia e através de toda a organização para identificar, avaliar e gerenciar potenciais eventos que possam afetá-la, e fornecer segurança razoável quanto à realização dos objetivos da organização; e

V – política nacional: documento, instituído por lei ou decreto, que define as diretrizes, princípios, atores e instrumentos e orienta a atuação dos agentes públicos e privados no atendimento às demandas da sociedade, cuja operacionalização deve ser detalhada a partir de planos nacionais com escopo e prazo definidos.

Princípios da Governança Pública

Art. 4º São princípios da governança pública:

I – confiabilidade;

II – integridade;

III – capacidade de resposta;

IV – melhoria regulatória;

V – prestação de contas e responsabilidade; e

VI – transparência.

Diretrizes da Governança Pública

Art. 5º São diretrizes da governança pública:

I – direcionar ações para a geração de valor público à sociedade;

II – promover a simplificação regulatória, por meio da avaliação de custos e benefícios, da segurança jurídica e da coerência do ordenamento jurídico;

III – promover a modernização da gestão e a simplificação dos serviços públicos, por meio de soluções inovadoras e, sempre que possível, da oferta de canais digitais;

IV – promover a transparência e o processo decisório participativo em todos os níveis da organização;

V – realizar ações consistentes com a missão institucional da organização;

VI – propor políticas e realizar ações alinhadas com a missão institucional e com o planejamento nacional;

VII – articular instituições e coordenar processos para melhorar a integração entre os diferentes níveis e esferas do setor público;

VIII – monitorar o desempenho e avaliar os resultados das políticas e ações prioritárias;

IX – fortalecer a capacidade de liderança da alta administração;

X – adotar providências à defesa do patrimônio público, à integridade dos agentes, à prevenção e combate à corrupção e à fraude; e

XI – implementar controles baseados na gestão de riscos e no incentivo à inovação, privilegiando ações de prevenção antes de processos sancionadores.

Mecanismos para exercício da Governança Pública

Art. 6º São mecanismos para o exercício da governança pública:

I – liderança, que compreende a existência de pessoas íntegras, capacitadas, competentes, responsáveis e motivadas ocupando os principais cargos das organizações, liderando os processos de trabalho e supervisionando a gestão;

II – estratégia, que compreende o envolvimento de partes interessadas, a definição de estratégia e de objetivos e o alinhamento entre organizações para o alcance do pretendido; e

III – controle, que compreende o estabelecimento de controles e sua avaliação, a transparência, a prestação de contas das ações e a responsabilização pelos atos praticados.

Art. 7º Cabe à alta administração das organizações, observadas as normas e procedimentos específicos aplicáveis, implantar e manter mecanismos, instâncias e práticas de governança, em consonância com os princípios e diretrizes estabelecidos nesta Lei e com as regras previstas nas normas editadas na forma do art. 2º.

Planejamento do desenvolvimento nacional equilibrado

Art. 8º. O planejamento do desenvolvimento nacional equilibrado será elaborado e revisado em consonância com princípios, objetivos, direitos e garantias fundamentais previstos na Constituição, por meio dos seguintes instrumentos:

I – a estratégia nacional de desenvolvimento econômico e social;

II – os planos nacionais, setoriais e regionais; e

III – o plano plurianual da União;

Parágrafo único. Os instrumentos previstos no caput, bem como seus relatórios de execução e acompanhamento deverão ser publicados em sítio da Internet.

Art. 9º. A gestão dos instrumentos do planejamento do desenvolvimento nacional equilibrado compreenderá a implementação, monitoramento, avaliação e revisão de seus atributos devendo ainda:

I – considerar os acordos e compromissos internacionais dos quais o Brasil é signatário;

II – adotar, em conjunto com representantes da sociedade civil, mecanismos de participação social; e

III – promover mecanismos de transparência da ação governamental.

A estratégia nacional de desenvolvimento econômico e social

Art. 10. A estratégia nacional de desenvolvimento econômico e social será estabelecida para o horizonte de doze anos, definirá as diretrizes e orientações de longo prazo para a atuação estável e coerente do conjunto de órgãos de planejamento e orçamento.

Art. 11. A estratégia nacional de desenvolvimento econômico e social será proposta pelo Presidente da República e instruirá a mensagem de encaminhamento do plano plurianual da União ao Congresso Nacional e conterá:

I – diretrizes e bases do desenvolvimento econômico e social nacional equilibrado;

II – desafios a serem enfrentados pelo País;

III – cenário macroeconômico;

IV – orientações de longo prazo;

V – macrotendências e seus impactos nas políticas públicas;

VI – riscos para os objetivos-chaves e possíveis orientações para construção de medidas mitigadoras; e

VII – metas prioritárias.

Parágrafo único. A estratégia de desenvolvimento econômico e social será revisada ordinariamente a cada quatro anos, por ocasião do encaminhamento do Projeto de Lei que instituir o Plano Plurianual da União, e extraordinariamente na ocorrência de circunstâncias excepcionais.

Art. 12. A elaboração da estratégia nacional de desenvolvimento econômico e social será coordenada pelo órgão central do Sistema de Planejamento e de Orçamento Federal.

Parágrafo único. Serão estabelecidos índices-chaves que mensurem a situação nacional e permitam a comparação internacional, subsidiando a avaliação da observância das diretrizes e orientações de longo prazo para a atuação do conjunto dos órgãos orçamentários.

Art. 13. Na primeira elaboração da estratégia nacional de desenvolvimento econômico e social, e em suas revisões até o ano de 2030, serão fontes de seu conteúdo os Objetivos de Desenvolvimento Sustentável – ODS que integram a Agenda 2030, que serão também compatibilizados com os planos nacionais, setoriais e regionais e o plano plurianual da União.

Planos nacionais, setoriais e regionais

Art. 14. Os planos nacionais, setoriais e regionais são os instrumentos de comunicação à sociedade das ações governamentais, terão duração mínima de quatro anos e serão elaborados em consonância com a estratégia nacional de desenvolvimento econômico e social e com as diretrizes das políticas nacionais afins.

Art. 15. Os planos nacionais, setoriais e regionais serão instituídos em leis ou decretos e terão o seguinte conteúdo mínimo:

I – diagnóstico do setor, que aponte as principais causas das deficiências detectadas e as oportunidades e desafios identificados;

II – objetivos estratégicos do setor de modo compatível com outros planos governamentais correlatos;

III – horizonte de vigência do plano;

IV – metas visando o atendimento dos objetivos, se necessário, escalonando a evolução dessas metas;

V – estratégias de implementação necessárias para atingir os objetivos e as metas, identificando os recursos necessários, os riscos para implementação, os responsáveis pela implementação e resposta aos riscos, as possíveis fontes de financiamento e o embasamento para a definição da estratégia selecionada;

VI – análise de consistência com outros planos nacionais, setoriais e regionais e suas relações com os instrumentos federais de planejamento de plano plurianual da União, lei de diretrizes orçamentárias e lei orçamentária anual;

VII – ações para situações de emergência ou de contingência; e

VIII – mecanismos e procedimentos para monitoramento e avaliação sistemática da eficiência e eficácia das ações programadas.

Plano Plurianual da União

Art. 16. O Plano Plurianual da União, instituído nos termos do § 1º do art. 165 da Constituição, deverá refletir e consolidar o conjunto de políticas públicas necessárias para o alcance das diretrizes e objetivos estabelecidos na estratégia nacional de desenvolvimento econômico e social nos anos de sua vigência.

Art. 17. O PPA orientará a elaboração:

I – da lei de diretrizes orçamentárias;

II – da lei orçamentária anual; e

III – do plano de resultados anuais do órgão.

Art. 18. A gestão do plano plurianual da União compreenderá a implementação, o monitoramento, a avaliação e a revisão de seus programas.

§1º O desempenho dos programas será aferido mediante o estabelecimento de metas.

§2º O plano plurianual conterá:

I – estrutura de acompanhamento da execução de seus atributos;

II – plano de comunicação; e

III – metas prioritárias.

Plano de resultados anuais do órgão

Art. 19. Os órgãos de planejamento e orçamento responsáveis por atributos do plano plurianual deverão elaborar, anualmente, o plano de resultados anuais do órgão.

§1º O plano de resultados anuais do órgão conterá, para o exercício, os resultados pretendidos bem como a metodologia de implementação, monitoramento e avaliação dos atributos de responsabilidade do órgão, elaborado conforme normas e orientações expedidas pelo Ministério do Planejamento, Desenvolvimento e Gestão.

§2º. O disposto neste artigo não se sobrepõe ao monitoramento e à avaliação do Plano Plurianual estabelecidos nas legislações específicas da Gestão do Plano Plurianual.

Gestão de riscos e controles internos

Art. 20. A alta administração das organizações da administração pública deverá estabelecer, manter, monitorar e aprimorar sistema de gestão de riscos e controles internos com vistas à identificação, avaliação, tratamento, monitoramento e análise crítica de riscos que possam impactar a implementação da estratégia e a consecução dos objetivos da organização no cumprimento da sua missão institucional, observando os seguintes princípios:

I – implementação e aplicação de forma sistemática, estruturada, oportuna e documentada, subordinada ao interesse público;

II – integração da gestão de riscos ao processo de planejamento estratégico e aos seus desdobramentos, às atividades, aos processos de trabalho e projetos em todos os níveis da organização, relevantes para a execução da estratégia e o alcance dos objetivos;

III – estabelecimento de controles internos proporcionais aos riscos, incluindo suas causas, fontes consequências e impactos, observada a relação custo-benefício; e

IV – utilização dos resultados da gestão de riscos para apoio à melhoria contínua do desempenho e dos processos de gerenciamento de risco, controle e governança.

Auditoria Interna

Art. 21. A auditoria interna deve:

I – adicionar valor e melhorar as operações de uma organização para o alcance de seus objetivos, mediante a aplicação de abordagem sistemática e disciplinada para avaliar e melhorar a eficácia dos processos de gerenciamento de riscos, controles e governança; e

II – realizar trabalhos de avaliação e consultoria de forma independente, segundo padrões de auditoria e ética profissional reconhecidos internacionalmente, e adotar abordagem baseada em risco para o planejamento de suas atividades e para a definição do escopo, da natureza, época e extensão dos procedimentos de auditoria.

Disposições Finais

Art. 22. As entidades constituídas sob a forma de serviço social autônomo, destinatárias de contribuições de empregadores incidentes sobre a folha de salários, deverão, no prazo de doze meses da vigência desta Lei, no âmbito do conselho de administração ou órgão superior equivalente:

I – instituir auditoria interna com o objetivo de orientar e fortalecer a gestão, indicar desvios e instrumentos de correção e racionalizar as ações de governança e controle; e

II – contratar auditoria independente para manifestar-se conclusivamente sobre o grau de fidedignidade das demonstrações contábeis e se estas representam adequadamente a sua posição patrimonial e financeira.

Art. 23. Esta Lei entra em vigor na data de sua publicação.

ANEXO B

DECRETO GOVERNANÇA PÚBLICA
(sujeito a alterações futuras)

DECRETO Nº , ...DE............ DE 2017

Dispõe sobre a política de governança da administração pública federal direta, autárquica e fundacional.

O PRESIDENTE DA REPÚBLICA, no uso da atribuição que lhe confere o art. 84, *caput*, inciso VI, alínea "a", da Constituição,

DECRETA:

Art. 1º Este Decreto dispõe sobre a política de governança da administração pública federal direta, autárquica e fundacional.

Art. 2º Para os efeitos do disposto neste Decreto, consideram-se:

I – governança pública – conjunto de mecanismos de liderança, estratégia e controle postos em prática para avaliar, direcionar e monitorar a gestão, com vistas à condução de políticas públicas e à prestação de serviços de interesse da sociedade;

II – valor público – produtos e resultados gerados, preservados ou entregues pelas atividades de uma organização que representem respostas efetivas e úteis às necessidades ou às demandas de interesse público e modifiquem certos aspectos do conjunto da sociedade ou de alguns grupos específicos reconhecidos como destinatários legítimos de bens e serviços públicos;

III – alta administração – Ministros de Estado, titulares de cargos de natureza especial, ocupantes de cargo de nível 6 do Grupo-Direção e Assessoramento Superiores – DAS, presidentes e diretores de autarquias, inclusive as especiais, de fundações públicas ou autoridades de hierarquia equivalente; e

IV – gestão de riscos – processo de natureza permanente, estabelecido, direcionado e monitorado pela alta administração, que contempla as atividades de identificar, avaliar e gerenciar potenciais eventos que possam afetar a organização, destinado a fornecer segurança razoável quanto à realização de seus objetivos.

Art. 3º São princípios da governança pública:

I – capacidade de resposta;

II – integridade;

III – confiabilidade;

IV – melhoria regulatória;

V – prestação de contas e responsabilidade; e

VI – transparência.

Art. 4º São diretrizes da governança pública:

I – direcionar ações para a busca de resultados para a sociedade, encontrando soluções tempestivas e inovadoras para lidar com a limitação de recursos e as mudanças de prioridades;

II – promover a simplificação administrativa, a modernização da gestão pública e a integração dos serviços públicos, especialmente aqueles prestados por meio eletrônico;

III – monitorar o desempenho e avaliar a concepção, a implementação e os resultados das políticas e das ações prioritárias para assegurar que as diretrizes estratégicas sejam observadas;

IV – articular instituições e coordenar processos para melhorar a integração entre os diferentes níveis e esferas do setor público, com vistas a gerar, preservar e entregar valor público;

V – incorporar padrões elevados de conduta pela alta administração para orientar o comportamento dos agentes públicos, em consonância com as funções e as atribuições de seus órgãos e suas entidades;

VI – implementar controles internos fundamentados na gestão de risco, que privilegiará ações estratégicas de prevenção antes de processos sancionadores;

VII – avaliar as propostas de criação, expansão ou aperfeiçoamento de políticas públicas e de concessão de incentivos fiscais e aferir, sempre que possível, seus custos e benefícios;

VIII – manter processo decisório orientado pelas evidências, pela conformidade legal, pela qualidade regulatória, pela desburocratização e pelo apoio à participação da sociedade;

IX – editar e revisar atos normativos pautando-se pelas boas práticas regulatórias e pela legitimidade, estabilidade e coerência do ordenamento jurídico, realizando consultas públicas sempre que conveniente;

X – definir formalmente as funções, as competências e as responsabilidades das estruturas e dos arranjos institucionais; e

XI – promover a comunicação aberta, voluntária e transparente das atividades e dos resultados da organização, de maneira a fortalecer o acesso público à informação.

Art. 5º São mecanismos para o exercício da governança pública:

I – liderança, que compreende um conjunto de práticas de natureza humana ou comportamental exercida nos principais cargos das organizações, para assegurar a existência das condições mínimas para o exercício da boa governança, quais sejam, integridade, competência, responsabilidade e motivação;

II – estratégia, que compreende a definição de diretrizes, objetivos, planos e ações, além de critérios de priorização e alinhamento entre organizações e partes interessadas, para que os serviços e os produtos de responsabilidade da organização alcancem o resultado pretendido; e

III – controle, que compreende processos estruturados para mitigar os possíveis riscos com vistas ao alcance dos objetivos institucionais e garantir a execução ordenada, ética, econômica, eficiente e eficaz das atividades da organização, com preservação da legalidade e da economicidade no dispêndio de recursos públicos.

Art. 6º Caberá à alta administração dos órgãos e das entidades, observados as normas e os procedimentos específicos aplicáveis, implementar e manter mecanismos, instâncias e práticas de governança em consonância com os princípios e as diretrizes estabelecidos neste Decreto.

Parágrafo único. Os mecanismos, as instâncias e as práticas de governança de que trata o **caput** incluirão, no mínimo:

I – formas de acompanhamento de resultados;

II – soluções para melhoria do desempenho das organizações; e

III – instrumentos de promoção do processo decisório fundamentado em evidências.

Art. 7º Fica instituído o Comitê Interministerial de Governança – CIG, com a finalidade de assessorar o Presidente da República na condução da política de governança da administração pública federal.

Art. 8º O CIG será composto pelos seguintes membros titulares:

I – Ministro de Estado Chefe da Casa Civil da Presidência da República, que o coordenará;

II – Ministro de Estado da Fazenda;

III – Ministro de Estado do Planejamento, Desenvolvimento e Gestão; e

IV – Ministro de Estado da Transparência e Controladoria-Geral da União.

§ 1º A suplência dos membros titulares será exercida pelos Secretários-Executivos.

§ 2º As reuniões do CIG serão convocadas pelo seu Coordenador.

§ 3º Representantes de outros órgãos e entidades da administração pública federal poderão ser convidados a participar de reuniões do CIG, sem direito a voto.

Art. 9º Ao CIG compete:

I – propor medidas, mecanismos e práticas organizacionais para o atendimento aos princípios e às diretrizes de governança pública estabelecidos neste Decreto;

II – aprovar manuais e guias com medidas, mecanismos e práticas organizacionais que contribuam para a implementação dos princípios e das diretrizes de governança pública estabelecidos neste Decreto;

III- aprovar recomendações aos colegiados temáticos para garantir a coerência e a coordenação dos programas e das políticas de governança específicos;

IV – incentivar e monitorar a aplicação das melhores práticas de governança no âmbito da administração pública federal direta, autárquica e fundacional; e

V – expedir resoluções necessárias ao exercício de suas competências.

§ 1º Os manuais e os guias a que se refere o inciso II do **caput** deverão:

I – conter recomendações que possam ser implementadas nos órgãos e entidades da administração pública federal direta, autárquica e fundacional definidos na resolução que os aprovar;

II – ser observados pelos comitês internos de governança, a que se refere o art. 14.

§ 2º O colegiado temático, para os fins deste Decreto, é a comissão, o comitê, o grupo de trabalho ou outra forma de colegiado interministerial criado com o objetivo de implementar, promover ou executar políticas ou programas de governança relativos a temas específicos.

Art. 10. O CIG poderá constituir grupos de trabalho específicos para subsidiá-lo no cumprimento de suas competências.

§ 1º Representantes de órgãos e entidades públicas e privadas poderão ser convidados a participar dos grupos de trabalho constituídos pelo CIG.

§ 2º O CIG definirá, no ato de criação do grupo de trabalho, seus objetivos específicos e sua composição e, quando for o caso, o prazo para conclusão de seus trabalhos.

Art. 11. A Secretaria-Executiva do CIG será exercida pela Casa Civil da Presidência da República.

Parágrafo único. Compete à Secretaria-Executiva do CIG:

I – receber, instruir e encaminhar aos membros do CIG as propostas recebidas na forma estabelecida no **caput** do art. 10, no inciso II do **caput** do art. 13 e no art. 20;

II – encaminhar a pauta, a documentação, os materiais de discussão e os registros das reuniões aos membros do CIG;

III – comunicar aos membros do CIG a data e a hora das reuniões ordinárias ou a convocação para as reuniões extraordinárias;

IV – comunicar aos membros do CIG a forma de realização da reunião, se por meio eletrônico ou presencial, e o local, quando se tratar de reuniões presenciais; e

V – disponibilizar as atas e as resoluções do CIG em sítio eletrônico ou, quando for confidencial, encaminhá-las aos membros.

Art. 12. A participação no CIG ou nos grupos de trabalho por ele constituídos será considerada prestação de serviço público relevante, não remunerada.

Art. 13. Compete aos órgãos e às entidades integrantes da administração pública federal direta, autárquica e fundacional:

I – executar a política de governança pública, de maneira a incorporar os princípios e as diretrizes definidos neste Decreto e as recomendações oriundas de manuais, guias e resoluções do CIG; e

II – encaminhar ao CIG propostas relacionadas às competências previstas no art. 9º, com a justificativa da proposição e da minuta da resolução pertinente, se for o caso.

Art. 14. Os órgãos e as entidades da administração pública federal direta, autárquica e fundacional deverão, no prazo de cento e oitenta dias, contado da data de entrada em vigor deste Decreto, instituir comitê interno de governança ou atribuir as competências correspondentes a colegiado já existente, por ato de seu dirigente máximo, com o objetivo de garantir que as boas práticas de governança se desenvolvam e sejam apropriadas pela instituição de forma contínua e progressiva, nos termos recomendados pelo CIG.

Art. 15. São competências dos comitês internos de governança:

I – auxiliar a alta administração na implementação e na manutenção de processos, estruturas e mecanismos adequados à incorporação dos princípios e das diretrizes da governança previstos neste Decreto;

II – incentivar e promover iniciativas que busquem implementar o acompanhamento de resultados no órgão ou na entidade, que promovam soluções para melhoria do desempenho institucional ou que adotem instrumentos para o aprimoramento do processo decisório;

III – promover e acompanhar a implementação das medidas, dos mecanismos e das práticas organizacionais de governança definidos pelo CIG em seus manuais e em suas resoluções; e

IV – elaborar manifestação técnica relativa aos temas de sua competência.

Art. 16. Os comitês internos de governança publicarão suas atas e suas resoluções em sítio eletrônico, ressalvado o conteúdo sujeito a sigilo.

Art. 17. A alta administração das organizações da administração pública federal direta, autárquica e fundacional deverá estabelecer, manter, monitorar e aprimorar sistema de gestão de riscos e controles internos com vistas à identificação, à avaliação, ao tratamento, ao monitoramento e à análise crítica de riscos que possam impactar a implementação da estratégia e a consecução dos objetivos da organização no cumprimento da sua missão institucional, observados os seguintes princípios:

I – implementação e aplicação de forma sistemática, estruturada, oportuna e documentada, subordinada ao interesse público;

II – integração da gestão de riscos ao processo de planejamento estratégico e aos seus desdobramentos, às atividades, aos processos de trabalho e aos projetos em todos os níveis da organização, relevantes para a execução da estratégia e o alcance dos objetivos institucionais;

III – estabelecimento de controles internos proporcionais aos riscos, de maneira a considerar suas causas, fontes, consequências e impactos, observada a relação custo-benefício; e

IV – utilização dos resultados da gestão de riscos para apoio à melhoria contínua do desempenho e dos processos de gerenciamento de risco, controle e governança.

Art. 18 A auditoria interna governamental deverá adicionar valor e melhorar as operações de uma organização para o alcance de seus objetivos, mediante a aplicação de abordagem sistemática e disciplinada para avaliar e melhorar a eficácia dos processos de gerenciamento de riscos, dos controles e da governança, por meio da:

I – realização de trabalhos de avaliação e consultoria de forma independente, segundo os padrões de auditoria e ética profissional reconhecidos internacionalmente;

II – adoção de abordagem baseada em risco para o planejamento de suas atividades e para a definição do escopo, da natureza, da época e da extensão dos procedimentos de auditoria; e

III – promoção à prevenção, à detecção e à investigação de fraudes praticadas por agentes públicos ou privados na utilização de recursos públicos federais.

Art. 19. Os órgãos e as entidades da administração direta, autárquica e fundacional instituirão programa de integridade, com o objetivo de promover a adoção de medidas e ações institucionais destinadas à prevenção, à detecção, à punição e à remediação de fraudes e atos de corrupção, estruturado nos seguintes eixos:

I – comprometimento e apoio da alta administração;

II – existência de unidade responsável pela implementação no órgão ou na entidade;

III – análise, avaliação e gestão dos riscos associados ao tema da integridade; e

IV – monitoramento contínuo dos atributos do programa de integridade.

Art. 20. O Ministério da Transparência e Controladoria-Geral da União, no prazo de cento e oitenta dias, contado da data de entrada em vigor deste Decreto, estabelecerá os procedimentos necessários à estruturação, à execução e ao monitoramento dos programas de integridade dos órgãos e das entidades da administração pública federal direta, autárquica e fundacional.

Art. 21. Este Decreto entra em vigor na data de sua publicação.

Brasília, de............ de 2017; 196º da Independência e 129º da República.

CARTA-COMPROMISSO

FÓRUM NACIONAL DE CONTROLE REALIZADO PELO TRIBUNAL DE CONTAS DA UNIÃO (TCU), COM A PARTICIPAÇÃO DE REPRESENTANTES DA CONTROLADORIA-GERAL DA UNIÃO (CGU), ASSOCIAÇÃO DOS MEMBROS DOS TRIBUNAIS DE CONTAS (ATRICON), ASSOCIAÇÃO NACIONAL DOS MINISTROS E CONSELHEIROS-SUBSTITUTOS DOS TRIBUNAIS DE CONTAS (AUDICON), INSTITUTO RUI BARBOSA (IRB), CONSELHO NACIONAL DE CONTROLE INTERNO (CONACI), CONFEDERAÇÃO NACIONAL DOS MUNICÍPIOS (CNM), FRENTE NACIONAL DOS PREFEITOS (FNP) E CONSELHO DOS DIRIGENTES DE ÓRGÃOS DE CONTROLE INTERNO DA UNIÃO (DICON)

CARTA-COMPROMISSO

Os representantes do TCU, CGU, ATRICON, AUDICON, IRB, CONACI, CNM, FNP e DICON, entre outros convidados, reunidos no Fórum Nacional de Controle (FNC) realizado em Brasília nos dias 26 e 27 de outubro de 2017, com o objetivo de integrar as instituições de controle externo e interno dos três entes da federação e de todas as esferas de Poder, comprometem-se a:

1. Fortalecer as atividades de auditoria externa e interna como instâncias de fomento às boas práticas de governança pública, de gestão de riscos e de melhoria de controles dos respectivos órgãos.

2. Disseminar as boas práticas de governança no âmbito das respectivas áreas de atuação, estabelecendo, entre outras, as seguintes

providências: a) adoção de referenciais de governança; b) acompanhamento da implementação dos dispositivos de governança instituídos em leis federais, estaduais e municipais; c) instituição de mecanismos que permitam o acompanhamento da governança nos processos de prestação de contas.

3. Promover a criação do conselho deliberativo do Fórum Nacional de Controle a ser composto, entre outras instituições, pelo TCU, CGU, ATRICON, AUDICON, IRB, CONACI, CNM, FNP e DICON, com objetivo de estabelecer e coordenar as ações a serem desenvolvidas, em especial a criação, manutenção e divulgação do ambiente digital colaborativo na Internet, visando fomentar a abertura de canais e mecanismos de cooperação, buscando a integração dos órgãos e entidades da União, dos Estados e dos Municípios, de forma a permitir a troca de experiências e conhecimentos.

4. Fomentar em conjunto ações de educação e de capacitação permanente dos profissionais de controle externo e interno.

5. Divulgar e promover o compartilhamento de experiências bem-sucedidas, mediante a participação ativa em ambiente digital.

6. Estimular o desenvolvimento de ações colaborativas, entre si e em conjunto com outras instituições públicas e privadas da sociedade civil, com o objetivo de prevenir e combater a corrupção, utilizando-se, preferencialmente, de ferramentas de tecnologia da informação.

7. Avaliar, periodicamente, por intermédio do Conselho Deliberativo do FNC, a eficácia das medidas ora propostas.

8. Promover, anualmente, novas edições do Fórum Nacional de Controle.

Brasília, 26 e 27 de outubro de 2017.

Esta obra foi composta em fonte Palatino Linotype, corpo 10,5
e impressa em papel Offset 75g (miolo) e Supremo 250g (capa)
pela Gráfica Formato.